LE THÉATRE
DES
JEUNES FILLES

PAR

A. DE CHAUVIGNÉ

8ᵉ Édition

PARIS

TH. OLMER ET Cⁱᵉ, ÉDITEURS

53, RUE BONAPARTE, 53

LE THÉATRE

DES

JEUNES FILLES

LE THÉATRE

DES

JEUNES FILLES

PAR

A. DE CHAUVIGNÉ

8ᵉ Édition

PARIS

TH. OLMER ET Cᵒ, ÉDITEURS

53, RUE BONAPARTE, 53

AVANT LA PIÈCE

Les représentations dramatiques, dans les milieux dont nous nous occupons ici, doivent constituer un exercice de mémoire, de diction et de maintien pour les jeunes filles qui y figurent, en même temps qu'elles composent un spectacle intéressant et instructif pour celles qui y assistent.

C'est à ce double point de vue que les œuvres représentées seront choisies et préparées.

Il ne s'agit pas seulement de faire rire ou pleurer son public. Nous devons tendre à ce qu'un enseignement littéraire ou moral sorte de cette récréation de famille, à ce que d'heureuses impressions s'éveillent, à ce que des souvenirs profitables restent dans l'esprit des jeunes spectatrices, tour à tour égayées ou attendries.

Mais, pour que cette représentation produise le charme et le profit désirés, pour que les interprètes y trouvent ces leçons de diction, de tenue, de prononciation même qu'un livre récent de M. Legouvé, déjà fameux, recommande à la jeunesse, il importe que le travail de la préparation soit mené avec soin, avec suite et avec compétence.

Nous allons exposer rapidement quelle est la manière de procéder qui nous semble la meilleure :

La pièce est donc adoptée ; une personne active et expérimentée, ou, parmi les jeunes filles, celle qui a le plus d'empire sur ses compagnes sera chargée de tous les détails de l'exécution. L'autorité de la directrice doit être incontestée.

Elle aura d'abord à choisir les interprètes, tâche délicate d'où dépend en partie le succès. Pour chacun des rôles, elle désignera la jeune fille dont le caractère, les traits, l'allure se rapprochent le plus du type à reproduire.

Toutes les actrices réunies, la directrice leur lit la pièce d'un bout à l'autre, en l'accentuant de manière à ce que chacune d'elles puisse se rendre compte de la physionomie de son rôle, et apprécier si elle est capable de le remplir ; on les éprouverait au besoin en leur donnant à réciter quelques-unes des principales répliques.

Dans cette première réunion, la directrice, qui connaît son monde, trouvera bon, sans doute, d'adresser à la troupe qu'elle dirige quelques avis de circonstance que je résume ainsi :

« Mesdemoiselles, je vais vous étonner peut-
« être en vous déclarant que ce n'est pas
« uniquement pour votre plaisir que vous allez
« *jouer la comédie;* il s'agit surtout du plaisir
« des autres, du plaisir de vos amies, de vos
« parents, des personnes étrangères qui hono-
« reront la fête de leur présence. Notre pièce
« leur paraîtra d'autant plus intéressante qu'elle
« sera mieux interprétée. Dans ce but, il est
« deux conditions essentielles : apprendre cons-
« ciencieusement vos rôles, les apprendre mot
« à mot, comme une leçon de grammaire ou
« de géographie.

« Secondement, écouter avec déférence et
« suivre avec ponctualité les conseils qui vous
« seront donnés au cours des répétitions, ré-
« primer tout mouvement d'impatience ou de
« mauvaise humeur, lorsqu'il vous arrivera de
« vous tromper et surtout mettre de côté toute
« prétention ou tout désir de briller au détri-
« ment de vos compagnes

Aux réunions qui suivent, on relira la pièce en commun ; chacune des interprètes, munie d'une brochure ou d'un manuscrit, sur lequel elle suivra attentivement le texte, prendra à son tour la parole de manière que cette lecture collective se poursuive sans interruption.

On ne passe aux répétitions proprement dites que lorsque la pièce est complètement sue.

Nous ajouterons même que, comme nos jeunes artistes sont généralement impatientes d'arriver à cette seconde épreuve, on trouvera là un moyen infaillible de stimuler leur mémoire.

Enfin l'heure de la répétition a sonné. Elle aura lieu, autant que possible, sur le théâtre même ou dans une salle qui présente des dispositions à peu près analogues.

C'est ici que la tâche de la directrice devient considérable et diverse.

Elle rectifiera les défauts de prononciation, les intonations mauvaises, les gestes faux, tous les mouvements défectueux. Elle ne craindra pas de faire répéter plusieurs fois les passages mal retenus ou mal rendus. Elle réglera les mouvements et les attitudes des différents personnages, travail important lorsqu'un certain nombre d'entre eux se rencontrent en même temps sur la

scène ou lorsqu'une situation essentielle se produit, telle que l'interrogatoire de la grand'
mère dans les *Suites de la colère :* page, 202,
la scène finale de l'*Hôtel de la Boule-Noire :* page
127, ou la constitution du tribunal dans le
Meilleur prix : page 10, etc., etc...

Elle veillera, avant tout, à ce qu'on parle distinctement et lentement.

Lentement ! Ce point est très difficile à obtenir, et, pour y arriver, j'indiquerai le moyen
suivant : choisir une phrase un peu longue
et déterminer le temps que la patiente devra
mettre à la prononcer, une ou deux minutes,
je suppose ; on vérifie montre en main et l'on
fait impitoyablement recommencer la phrase
jusqu'à ce que le terme indiqué ait été atteint
ou dépassé.

J'ai connu plusieurs jeunes filles qui ont été gué-
ries, de cette manière, du défaut de précipitation.

Le moyen de se faire entendre distinctement,
même avec une voix faible, est de bien articuler
les mots — articuler, c'est dessiner avec les
lèvres toutes les syllabes qu'on prononce —
exercice très-profitable pour celles de nos débu-
tantes qui auraient, par la suite, des lectures à
faire en public.

Un autre secret de l'art de bien dire consiste

à relever avec soin dans chaque réplique le point essentiel, le mot saillant. On s'appliquera à trouver ce mot capital et à le détacher du reste de la phrase. Prenons pour exemple les trois vers de la célèbre fable de La Fontaine, *les Animaux malades de la peste.*

> Un mal qui répand *la terreur*
> Mal que le ciel, en sa fureur,
> Inventa *pour punir* les crimes de le terre.

Nous avons souligné les deux mots sur lesquels il convient de s'arrêter : *la terreur* et *pour punir ;* par ce procédé, qu'on peut appliquer à toute espèce de texte, on évitera la monotonie dans le débit en même temps qu'on attirera l'attention des spectateurs sur ce qu'il importe surtout de leur faire connaître.

Le naturel sera la qualité maîtresse à acquérir. On devra le poursuivre par tous les moyens, ce naturel qui doit être recherché comme la pierre philosophale de la comédie. A cet effet, on s'efforcera de faire éprouver aux interprètes les divers sentiments qu'elles sont chargées de traduire.

Ont-elles à souhaiter la bienvenue? qu'elles s'imaginent avoir devant les yeux telle de leurs amies, telle de leurs compagnes, absentes depuis longtemps. Doivent-elles se mettre en colère, comme le fait Amélie, page 192, dans les *Suites de la colère?* qu'elles se reportent à un incident du même genre dont elles auraient été les témoins, les acteurs peut-être, et ainsi de suite..... Qu'elles s'étonnent véritablement, qu'elles embrassent pour de bon, qu'elles marchent, qu'elles s'accostent, qu'elles parlent, qu'elles rient comme dans la vie réelle.

On parviendra certainement aux résultats les plus satisfaisants, grâce à la fiction ou plutôt à la vision dont nous venons de parler. Un exemple entre mille; un personnage doit avoir peur, — scène VII de l'*Hôtel de la Boule-Noire*, page 119 : — Persuadez-vous, dira-t-on à l'interprète, que vous vous trouvez, la nuit, au milieu du jardin et que près de vous, dans le bosquet, on parle à voix basse. Vous tremblez... vous balbutiez... des voleurs sans doute?... Ils sont là, à deux pas, ils avancent...... soyez certaine que vous les entendez, que vous les voyez. L'esprit ainsi saisi, sans perdre un instant de vue cette fugitive image, reprenez votre rôle; vous serez toute surprise de l'accent nouveau et vrai que vous y mettrez.

C'est par un procédé analogue qu'on fera entendre certains passages à des intelligences paresseuses et parfois obstinées. Je prends ces trois mots : Y pensez-vous ? On comprend qu'ils peuvent se prononcer sur des tons très-différents, selon qu'on voudra formuler une interrogation ou un reproche.

Supposez, direz-vous à l'interprète, qu'on vous ait chargée de rappeler une mission quelconque à une de vos compagnes un peu oublieuse... cela s'est vu. Y pensez-vous ? lui demanderez-vous sur le ton tranquille de l'interrogation ? Est-ce un reproche, au contraire ? Vous vous animez aussitôt. Comment, vous allez agir ainsi, Mademoiselle ? Y pensez-vous ? N'avez-vous pas honte ? Y pensez-vous, ma chère, oh ! vraiment, y pensez-vous ?

Y pensez-vous pourrait encore se traduire avec des nuances extrêmement diverses. C'est à la directrice à s'assimiler la pensée de l'auteur et à la faire saisir ensuite à l'interprète.

Les entrées et les sorties feront l'objet d'études attentives et répétées. Il s'agit d'habituer nos jeunes artistes à entrer et à sortir sans gêne et sans confusion. Elles arriveront parfois en prononçant les premières paroles de leurs rôles. Elles adresseront quelques signes de bienvenue aux personnages déjà en scène. Elles mettront ou retireront leurs gants. Elle dessineront quelques gestes destinés à préparer ce qui va suivre.

De même pour les sorties.

Si le moment est solennel et que le personnage annoncé soit important, on lui ménagera une entrée, c'est-à-dire que les artistes déjà en scène se tourneront du côté par lequel il doit apparaître et se rangeront pour le laisser passer.

A ce propos, une autre note à prendre; il arrive fréquemment dans nos petits théâtres qu'un personnage se fasse attendre et manque son entrée. De là, un grand embarras pour ceux qui resten en scène et qui n'ont plus rien à dire. C'est à eux cependant qu'il appartient de couvrir la faute du retardataire. Ils parleront entre eux à voix basse, et se livreront à une pantomime qui rentre dans l'esprit de leurs rôles. L'un d'eux se détachera au besoin et ira chercher l'artiste récalcitrant pendant que les autres remplissent la scène de leur mieux.

Au reste, on agira sagement en instituant plusieurs préposées aux entrées, qui suivront soigneusement le texte et avertiront chaque artiste quelques moments avant son apparition devant le public.

C'est également par une pantomime appropriée qu'on dissimulera le trouble momentané ou le manque de mémoire qui se produisent au milieu d'une scène. Dans ce cas, il ne faut jamais rester en détresse. Improvisez si cela vous est possible; sinon, selon les circonstances, regardez par la fenêtre, feuilletez un livre, arrangez votre toilette, occupez-vous enfin, et le public avec vous, jusqu'à ce que la réplique vous revienne d'elle-même à l'esprit ou vous arrive à l'oreille par l'intermédiaire du souffleur.

Les gestes doivent être rares, justes et variés. On aura souvent l'occasion de signaler la rapidité ou la monotonie dans les gestes. Pour corriger ce dernier défaut très commun chez les plus jeunes filles, on les obligera, pendant un certain temps, à ne mettre en mouvement que le côté opposé au bras ou à la main dont elles se seraient servi avec exagération. Se souvenir que le geste indicatif, dont on est tenté d'abuser, sera d'autant plus expressif qu'on s'en montrera plus avare.

Autant que possible on aura sous la main, pendant les répétitions tous les objets, en style de coulisse *tous les accessoires*, dont il est question dans le texte : lettres, tables, fauteuil, chaises, vaisselle, etc., etc..... Aux dernières répétitions ces accessoires deviennent indispensables, et, puisque j'ai parlé des dernières répétitions, je dirai de suite qu'il est bon de laisser vingt-quatre heures au moins s'écouler entre elles et la représentation.

Le repos qui s'impose de cette façon produit un effet singulier mais incontestable. Après une interruption de répétitions, il arrive que l'on sait mieux et que l'on joue mieux. Il s'opère comme un tassement dans l'esprit, une certaine coordination toute semblable à celle qui se produit au moment des examens et qui est si bien connue des professeurs, qu'ils recommandent généralement à leurs élèves de s'abstenir de tout travail à la veille du combat.

Nous en aurons fini avec la directrice, quand nous aurons ajouté qu'il lui appartient de résoudre les difficultés qui se révèlent à chaque pas pendant le cours de ces répétitions et qu'il nous est impossible de prévoir toutes. Un mot difficile à prononcer, elle le remplace ou le supprime. Une phrase trop longue, elle la réduit. Un détail intéressant, un trait de circonstance, elle les rajoute au besoin. Les amputations, additions et raccordements s'opèrent dans les œuvres les plus considérables et sur les scènes les plus importantes.

Après la directrice, l'agent le plus utile est le souffleur... On ne le désignera pas au dernier moment, comme cela se fait trop souvent; il assistera au plus grand nombre de répétitions, à toutes s'il est possible, nécessairement aux dernières. Il connaîtra les endroits où la mémoire des interprètes est sujette à faiblir ou à s'embarrasser, et il se tiendra prêt à les soutenir tout spécialement à ces moments redoutables.

Nous arrivons aux décors ; sur ce point encore on se trouve souvent embarrassé devant les moyens restreints dont on dispose d'ordinaire. C'est pourquoi nous avons généralement adopté, pour les scènes qui composent ce volume, des intérieurs faciles à établir, un salon, une classe, une auberge.

Le même décor peut servir dans ces différents cas... il suffit de changer quelques accessoires, de placer des meubles adaptés à l'action, de pendre au mur des tableaux ou des attributs qui rentrent dans la couleur locale.

Quelquefois même pour tout décor, on se contente d'un simple paravent... quelques meubles légers sont disposés à la hâte, et même dans leur arrangement, il y a encore une part d'intelligence et de goût. C'est un joli tapis sur la table, quelques vases de fleurs sur le devant, un tableau sur un chevalet ou une statuette sur un piédestal pour faire le fond, des sièges convenablement groupés.

Pour les maisons qui recherchent un décor plus complet quoique économique, je conseillerai de coller du papier sur de la toile avec une barre en haut et une autre en bas; on fabrique ainsi trois châssis, un fond et deux côtés... Voilà un salon complet. On y pratiquera trois portes et trois fenêtres pour répondre à toutes les exigences de la pièce. On pourrait même, au besoin, se dispenser de façonner portes et fenêtres en remplaçant les premières par des portières, les secondes par de petits rideaux blancs.

Un jardin et même une forêt peuvent être très suffisamment figurés par des branches d'arbres piquées dans des caisses remplies de terre, derrière lesquelles on tendrait du papier ou des étoffes vertes pour prolonger la perspective. C'est ainsi qu'on obtiendra la décoration du second acte de *Ruth et Noémi*.

A défaut de rampe, des lampes seront distribuées dans la coulisse, le plus près possible du public; on les réglera selon que la situation exigera le plein-jour ou le demi-jour. Une cheminée se constitue avec trois planches ajustées et recouvertes de papier marbré ou de papier noir. Dans le foyer, on met des bûches sur lesquelles on a collé de petits morceaux de papier scintillant; si on veut compléter l'illusion, on établira au fond un transparent rose derrière lequel on placera une lumière.

Pour simuler un bruit de vaisselle cassée (*l'Hôtel de la Boule-Noire*, scène II, page 97), on agite des débris dans un morceau d'étoffe. C'est ce qu'on fera encore au moment où Amélie, dans les *Suites de la colère*, acte II, scène 1re, page 193, jette le vase par la fenêtre. — Il est bien entendu que le vase tombe dans un panier rempli de paille ou de chiffons et que c'est un compère qui produit le bruit concordant par le moyen que nous venons d'indiquer.

Quant aux costumes, nous n'en parlerons que peu, la plupart de ceux nécessités dans ce volume étant des costumes de ville. Deux pièces seulement font exception : *Ruth et Noémi* et *Un épisode de la vie de Marie Leczinska.*

Pour la première, on se rappellera ces deux caractères distinctifs de la toilette des femmes juives : elles ne laissaient pas voir leurs cheveux et elles portaient d'amples voiles — les étoffes employées étaient de couleur unie — en somme, costume facile à reproduire et dont on trouvera des spécimens dans une foule de tableaux et de gravures et notamment dans les dessins dont un grand nombre de bibles sont ornées.

Les toilettes de la deuxième pièce, laquelle se

passe sous Louis XV, seraient moins aisées à composer, si, en pareille occurrence, on ne se contentait de l'à peu près : des robes à traines et des doubles jupes qu'on dispose en forme de manteaux de cour, des plumes ou des fleurs dans la coiffure, des dentelles le plus qu'on peut, de la poudre ou de la crinoline à profusion, de légères mitaines aux mains et un court mantelet sur les épaules, voilà de quoi habiller très convenablement une grande dame de 1725.

Au reste, l'imagination et le goût de nos jeunes artistes seront facilement éveillés quand il s'agit de toilettes, et je ne m'attarderai pas à leur donner sur ce point de téméraires et inutiles conseils.

J'ajouterai qu'on trouvera, dans beaucoup d'institutions de Paris et au besoin chez l'éditeur de cet ouvrage, des adresses de magasins qui se chargent de fournir, à des prix modérés, tous les costumes nécessaires à l'une et à l'autre de ces deux pièces.

C'est encore à notre éditeur qu'il faudra s'adresser pour avoir la musique copiée *sur nos paroles** des airs indiqués dans ce volume.

* Nous disons *sur nos paroles* pour aller au devant d'un scrupule qu'éprouveraient certainement un grand nombre de nos lectrices, les paroles primitives des chansons que nous visons n'étant pas toujours irréprochables.

LE MEILLEUR PRIX

COMÉDIE EN UN ACTE

PERSONNAGES

FÉLICITÉ, prix de sagesse.
ALBERTINE, prix d'histoire.
ÉLÉONORE, prix de poésie.
LOUISE, prix d'arithmétique.

LE MEILLEUR PRIX

COMÉDIE EN UN ACTE

Le théâtre représente une pièce quelconque d'un pensionnat.
Deux tables, un banc, deux chaises, un vieux fauteuil.
Sur la table du fond, on aperçoit un rosier en fleurs.

SCÈNE PREMIÈRE

FÉLICITÉ, *assise à l'écart et tenant un livre ouvert.*

Prix de sagesse ! C'est maman qui va être fière, quand je vais lui présenter mon prix.

Fière et un peu étonnée peut-être !

(*Lisant le titre*) : *Les Fastes de l'histoire !*

(*Parlant.*) On assure que le présent n'est que l'image du passé et qu'en étudiant l'histoire, on retrouve tous les événements qui se déroulent incessamment sous nos yeux.

(*Lisant*) : « Équité du peuple romain.

« Les peuples d'Ardée et d'Aricie, voisins de Rome, étaient en guerre pour des terrains que chacun revendiquait. »

(*On entend un bruit de voix dans la coulisse.*)
(*Parlant.*) Qui vient là ?

Tiens, Albertine et Louise!

(*Lisant*) : « Aricie et Ardée n'avaient pu parvenir à se mettre d'accord. »

SCÈNE II

FÉLICITÉ, *lisant*, ALBERTINE et LOUISE, *arrivant et paraissant se quereller*.

ALBERTINE.

Je te dis que si.

LOUISE.

Je te dis que non.

ALBERTINE.

C'est assez clair.

LOUISE.

C'est trop évident.

ALBERTINE.

Tu y mets de l'obstination.

LOUISE.

Toi de l'opiniâtreté.

ALBERTINE.

De l'entêtement !

LOUISE.

De la mauvaise foi !

ALBERTINE.

Comment peux-tu soutenir que l'histoire n'est pas supérieure à l'arithmétique?

LOUISE.

C'est l'arithmétique qui est supérieure à l'histoire.

FÉLICITÉ, *lisant à mi-voix.*

« Rivalité de Crassus et de Pompée. »

SCÈNE III

LES MÊMES, ÉLÉONORE, *qui est arrivée pendant les deux dernières répliques.*

Ce qui est supérieur, je vais vous le dire... C'est la poésie !

FÉLICITÉ, *lisant à mi-voix.*

« A Crassus et à Pompée se joignit un troisième compétiteur... César... »

ÉLÉONORE.

Prix de poésie. (*A part.*) Je triomphe !

ALBERTINE.

Prix d'histoire. (*A part.*) Je l'emporte !

LOUISE.

Prix d'arithmétique. (*A part.*) J'ai gagné.

ÉLÉONORE.

Vous me contestez la victoire ?

ALBERTINE et LOUISE.

Mais oui.

ALBERTINE.

Vous ne convenez pas de votre défaite?

ÉLÉONORE ET LOUISE.

Mais non.

LOUISE.

Comment ce n'est pas moi qui...

ALBERTINE et LOUISE, *l'interrompant.*

Non, non, non.

LOUISE.

Rappelons nos conventions, voulez-vous?

ALBERTINE.

C'est cela... En ma qualité d'histoire, laissez-moi...

ÉLÉONORE.

La parole. Comme ce n'est qu'un récit sommaire, j'y consens.

LOUISE.

Moi, je rectifierai les dates.

FÉLICITÉ, *lisant à mi-voix.*

« De la confiance qu'il faut accorder aux traités. »

ALBERTINE.

Il y a deux mois...

LOUISE.

Pas tout à fait...

ALBERTINE.

Il n'y a pas tout à fait deux mois, nous avions décidé de réunir toutes nos économies pour acheter une plante. Louise voulait un myrthe parce que ça dure. Moi, un laurier, la plante des héros. Éléonore eût désiré une tubéreuse. Nous nous décidâmes pour un rosier (*désignant le rosier sur la table du fond*), ce rosier, toute notre fortune. Aussi, comme nous en prîmes soin !...

ALBERTINE.

De temps en temps, je remuais la terre.

LOUISE.

Moi, je lui formai un tuteur avec une règle.

ALBERTINE.

Je lavais soigneusement les feuilles.

LOUISE.

Je le débarrassais des insectes nuisibles.

ÉLÉONORE.

Et moi, je m'inspirais souvent au tendre parfum qui se dégageait de ses fleurs.

ALBERTINE.

Ça alla bien jusqu'à la semaine dernière. (*Montrant le rosier.*) Il était devenu superbe; mais les vacances approchaient et la même idée nous préoccupait toutes les trois... pendant les vacances à qui appartiendrait le rosier ?

FÉLICITÉ, *lisant à mi-voix.*

« Au plus digne répondait Alexandre à ses généraux qui lui demandaient à qui il laisserait l'empire. »

ÉLÉONORE.

Chacune de nous eût voulu l'emporter. Après bien des hésitations, et même quelques discussions, on finit par s'accorder. Il fut décidé que le rosier appartiendrait à celle qui remporterait le meilleur prix.

LOUISE.

C'est bien cela.

ALBERTINE.

Eh bien ! le meilleur prix..: n'est-ce pas l'histoire ?

LOUISE.

Non, c'est l'arithmétique.

ÉLÉONORE.

C'est la poésie.

ALBERTINE.

Nous ne nous entendrons jamais. Comment faire ? Si nous prenions un arbitre... Il y a bien l'opinion publique...

ÉLÉONORE.

Oui ; mais il faut quelqu'un pour la représenter... Voilà le difficile...

ALBERTINE.

Qui donc nous jugera ?

FÉLICITÉ, *lisant à mi-voix.*

« Saint Louis rendant la justice dans le bois de Vincennes. »

ÉLÉONORE.

Ah mon Dieu ! Voilà notre affaire... Félicité.

ALBERTINE.

Félicité, prix de sagesse, c'est une coïncidence.

LOUISE.

En effet, la sagesse doit être impartiale.

ALBERTINE, *s'approchant de Félicité et se penchant sur le livre.*

Les Fastes de l'histoire !... la sagesse s'inspirant dans l'histoire !...

ÉLÉONORE.

La sagesse des nations alors.

LOUISE.

Veux-tu être notre juge, Félicité?

FÉLICITÉ.

Mes amies, si je puis vous mettre d'accord...

ALBERTINE.

La chose est bien simple. Il s'agit de décider quelle est celle de nous trois qui a obtenu le meilleur prix... il est bien évident que le meilleur prix c'est...

ALBERTINE, ÉLÉONORE et LOUISE, *parlant en même temps.*

L'histoire,
La littérature.
L'arithmétique.

FÉLICITÉ, *avec ironie.*

Bien simple, en effet! Mais il faut faire les choses régulièrement; vous parlerez chacune à votre tour.

LOUISE.

Comme... au tribunal...

ÉLÉONORE.

C'est une idée... Si nous composions un tribunal, ce serait très-amusant.

ALBERTINE, *apportant une table.*

C'est dit. Le pupitre du président.

ÉLÉONORE, *apportant un fauteuil.*

Le siège de la justice... (*Frappant dessus.*) Inflexible comme la justice.

LOUISE, *apportant un coussin.*

Dans le cas où la justice aurait envie de dormir.

FÉLICITÉ.

Que dis-tu là?

LOUISE.

Ça arrive quelquefois... Je le sais, papa est juge de paix.

ALBERTINE, *plaçant un banc de côté et s'y asseyant.*

Le banc des accusés.

ÉLÉONORE, *apportant une chaise de l'autre côté et s'appuyant sur le dossier.*

La barre des avocats.

LOUISE, *prenant Félicité par la main et la conduisant au fauteuil.*

Mesdemoiselles, le Tribunal.
(*Albertine, Éléonore et Louise adressent un grand salut à Félicité.*)

LOUISE.

Nous avons oublié l'huissier... Il n'y a pas de tribunal... sans huissier.

ALBERTINE.

A quoi ça sert, un huissier?

LOUISE.

A faire faire silence.

ALBERTINE, *en regardant Éléonore.*

En ce cas, nous en aurons besoin.

FÉLICITÉ.

Louise, toi qui t'y entends... tu feras l'huissier.

LOUISE, *d'une voix aiguë.*

Silence, mesdemoiselles.

FÉLICITÉ, *se levant.*

Pour commencer, je rappelle les faits de la cause, comme dit mon oncle l'avocat.

Si j'ai bien entendu votre conversation tout à l'heure, ce rosier doit appartenir à celle qui a obtenu le meilleur prix.

ALBERTINE, ÉLÉONORE et LOUISE.

C'est cela même.

FÉLICITÉ.

Albertine a obtenu le prix d'histoire, Éléonore, le prix de poésie, Louise le prix d'arithmétique... des trois prix quel est le meilleur? Vous allez exposer vos raisons. Éléonore, tu dois être la plus pressée... commence.

ÉLÉONORE, *après avoir toussé plusieurs fois.*

Dans l'antiquité, ma supériorité était reconnue... tandis qu'une simple muse, Clio, présidait à l'histoire, tandis que l'arithmétique se rangeait sous les lois d'une certaine Uranie, dont même elle partageait le patronage avec l'Astronomie, sa sœur, moi, je relevais d'un dieu, le plus brillant de tous, dont le nom est resté, à travers les âges, un synonyme de grâce et de beauté.

J'ai nommé Apollon.

LOUISE.

Oui, mais il y a longtemps qu'Apollon a remisé son char imaginaire et ses coursiers fantastiques. C'est à moi maintenant qu'il appartient de régler la marche du soleil, c'est moi qui signale à la terre entière son retour et ses évolutions, moi qui prévois jusqu'à ses défaillances en annonçant les éclipses.

ALBERTINE.

Quant à moi, je ne dirai qu'un mot. Grâce à moi, on connaît tout, et il est fort agréable de tout connaître.

ÉLÉONORE.

J'existais avant vous.

ALBERTINE.

Avez-vous donc oublié Hérodote, le père de l'histoire?

ÉLÉONORE.

Vous-même, ne vous souvenez-vous plus d'Orphée, d'Homère et de Pindare, qui précédaient Hérodote?

ALBERTINE.

La fable auprès de la vérité!

ÉLÉONORE.

Et David donc, David qui chanta les louanges de Dieu dans des psaumes immortels qu'un grand poète français a traduits.

ALBERTINE.

Vous êtes brillante, je l'accorde; mais je suis utile.

ÉLÉONORE.

Vous êtes utile, soit; mais je suis nécessaire!

ALBERTINE.

A quoi ?

ÉLÉONORE.

A quoi ? à encourager les arts... à célébrer les nobles idées et les grandes actions, à épurer le goût, à élever les esprits, à fortifier les cœurs, à transporter l'homme dans une sphère supérieure qui le rapproche de Dieu. — Tel est le rôle du poète...

> Il rayonne, il jette sa flamme
> Sur l'éternelle vérité.
> Il la fait resplendir pour l'âme
> D'une merveilleuse clarté !
> Il inonde de sa lumière
> Ville et déserts, Louvre et chaumière,
> Et les plaines et les hauteurs.
> A tous, d'en haut il la dévoile,
> Car la poésie est l'étoile
> Qui mène à Dieu rois et pasteurs (1).

ALBERTINE.

Ta, ta, ta, ta, si je voulais me livrer aux citations, je n'en aurais pas tôt fini. Les commencements du monde, l'histoire de tous les peuples, le renversement des empires, les exploits des conquérants, les batailles... Ah ! les batailles ! personne ne les raconte comme moi... Il y a plus de deux mille ans, trois millions de Perses, la Perse entière, qui était alors une grande nation se ruait sur un petit pays, la Grèce. Léonidas, roi de Sparte, ne réunit autour de lui que trois cents hommes pour résister à cette

(1) *Les Rayons et les ombres* (Victor Hugo).

avalanche humaine; mais trois cents hommes que le patriotisme inspire sont invincibles. Les trois cents Spartiates moururent jusqu'au dernier, après avoir fait reculer les Perses et relevé la fortune de leurs compatriotes.

ÉLÉONORE.

Ces mêmes Spartiates, vers l'an 480, eurent à lutter contre les plus vaillants peuples qui aient existé jamais. Ce n'étaient plus ces misérables Perses que trois cents hommes arrêtaient aux Thermopyles. C'étaient l'Élide, la Béotie, toute l'Attique conjurés contre Sparte, qui tenait alors la Grèce entière sous sa domination. Les Athéniens, appelés au secours des Spartiates terrifiés, leur envoyèrent un homme, un seul. — C'était un poète! Vaincus d'abord, les Spartiates, enthousiasmés par les mâles et patriotiques accents de Tyrtée, regagnèrent la victoire. — A lui seul, le poète avait valu une armée!

ALBERTINE.

Ce n'est pas seulement l'antiquité qui m'appartient avec Thucydide, Xénophon, Salluste, Tacite... l'histoire est de plus en plus appréciée à mesure que le progrès s'affirme. N'est-ce pas elle actuellement qui remporte la palme avec les Thierry, les Mignet, les Thiers et toute cette phalange de chercheurs et d'érudits qui vient à leur suite?

ÉLÉONORE.

De nos jours dites-vous? Pour qui comptez-vous

donc les Chateaubriand, les Lamartine, les Musset, les Hugo et les Coppée?

LOUISE.

Que dirais-je, moi ! si je voulais citer tous les miens? Pythagore, Platon, Descartes, Pascal, Newton, Franklin, et plus récemment, Mongolfier, Volta, Fulton, Chevreuil, Lenoir, Humboldt; ces hommes illustres ont enrichi leur pays, tandis que les historiens et les littérateurs, les historiens surtout...

ALBERTINE.

Comment? Comment cela?

LOUISE.

N'a-t-on pas dit : heureux les peuples qui n'ont pas d'histoire.

ÉLÉONORE.

Bien frappé, bravo.

ALBERTINE.

On a dit aussi : Brutal comme un chiffre. (*Se tournant vers Éléonore.*) On a dit aussi que l'imagination est la folle du logis, et l'imagination fait partie de votre famille, ma chère littérature.

ÉLÉONORE.

La médisance et la calomnie sortent de la vôtre, ma chère histoire.

ALBERTINE.

On connaît vos écarts...

ÉLÉONORE.

On a lu vos chroniques.

ALBERTINE.

On a essuyé vos satires.

ÉLÉONORE.

On a subi vos critiques.

ALBERTINE.

Vos épigrammes n'ont épargné personne.

ÉLÉONORE.

Pas une réputation qui tienne devant vous !

ALBERTINE.

Vous avez tout exagéré !

ÉLÉONORE.

Vous avez tout travesti !

FÉLICITÉ, *élevant la voix.*

Silence ! La cause est entendue.

LOUISE.

Silence, mesdemoiselles.
(*Éléonore fait un mouvement, comme pour reprendre
la parole.*)

LOUISE, *élevant la voix.*

Silence !

FÉLICITÉ, *se levant en tenant à la main un papier
sur lequel elle a pris des notes.*

Je conclus...

LOUISE.

Silence...

ÉLÉONORE.

Mais personne ne dit rien.

FÉLICITÉ.

Considérant (*à part*), toujours comme mon oncle l'avocat (*haut*), considérant que la poésie, l'histoire et l'arithmétique sont à un même degré importantes et utiles.

LOUISE.

Silence, mesdemoiselles.

FÉLICITÉ, *continuant.*

Considérant, dès lors, qu'aucune d'elles n'a droit au premier rang à l'exclusion des deux autres...

Le Tribunal décide :

Que le rosier dont les trois parties contractantes se disputent la possession, appartiendra à la fois à Mlles Éléonore, Louise et Albertine, qui ont obtenu les trois prix de poésie, d'arithmétique et d'histoire.

ALBERTINE.

A la fois !

ÉLÉONORE.

A la fois ! c'est impossible.

ALBERTINE.

C'est une plaisanterie, sans doute !

FÉLICITÉ.

Huissier, faites faire silence.

LOUISE.

Silence, mesdemoiselles.

FÉLICITÉ.

Toutefois, comme les trois parties en présence doivent prochainement se séparer et qu'il paraît à peu près impossible que chacune d'elles puisse emporter en entier ledit rosier objet du litige...

ÉLÉONORE, ALBERTINE ET LOUISE.

Ah ! ah ! ah ! nous y voilà.

FÉLICITÉ, *après un moment de silence.*

Le Tribunal... ordonne que ledit rosier sera divise en trois parts, qui seront attribuées aux trois parties contractantes de la manière suivante : Les feuilles à Mlle Albertine, prix d'histoire, les fleurs à Mlle Éléonore, prix de poésie, et la tige à Mlle Louise, prix d'arithmétique.

ÉLÉONORE.

C'est cela... le jugement de Salomon !

LOUISE.

Une règle de trois !

ALBERTINE.

Le partage de la Pologne !

ÉLÉONORE.

Mais sans la tige, les fleurs flétriront bientôt...

ALBERTINE.

A quoi me serviront les feuilles, sans les fleurs?

LOUISE.

Une tige dépouillée de ses fleurs et de ses feuilles !

FÉLICITÉ.

Vous avez raison, mes amies, mais pourriez-vous me dire laquelle des trois choses est la plus utile au rosier :

Les fleurs ?
Les feuilles ?
Ou la tige ?

ÉLÉONORE, ALBERTINE ET LOUISE.

Toutes les trois sont utiles.

FÉLICITÉ.

Eh bien ?...

ÉLÉONORE.

Ah ! je commence à comprendre.

ALBERTINE ET LOUISE.

Moi aussi.

ÉLÉONORE.

Tu veux nous faire entendre, n'est-ce pas, qu'il en est de nous comme du rosier.

ALBERTINE.

L'histoire, la littérature et l'arithmétique nous sont également nécessaires, comme au rosier, les feuilles, la tige et les fleurs.

FÉLICITÉ.

Vous l'avez dit, mes amies.

ALBERTINE.

C'est juste. Mais alors que va devenir notre rosier?

LOUISE.

Oui, qu'en faire?

ÉLÉONORE.

Je vais vous l'apprendre. En admettant que les prix d'histoire, de poésie et d'arithmétique soient égaux, il en est un qui leur est incontestablement supérieur.

ALBERTINE ET LOUISE.

Lequel?

ÉLÉONORE.

Le prix de sagesse! N'est-ce pas à la sagesse que nous devons de nous être mises d'accord?

LOUISE.

C'est juste. N'est-ce pas elle encore qui nous permettra de faire un bon emploi dans la suite des connaissances que nous aurons acquises en histoire, en poésie et en arithmétique?

ALBERTINE.

Moi, par exemple, n'ai-je pas besoin de la sagesse pour juger impartialement les hommes et les choses ?

ÉLÉONORE.

Et moi pour ne pas me perdre dans les nuages où mes ailes me portent trop souvent ?

LOUISE.

Et moi donc ! La sagesse n'est-elle pas la mère de l'exactitude ?

ÉLÉONORE, *prenant le rosier et le présentant à Félicité.*

Permets-nous donc de t'offrir ce rosier, ma chère Félicité, en notre nom à toutes les trois. Puissions-nous, mes amies, rendre toujours à la sagesse l'hommage qui lui est dû !

Car la sagesse, un grand poète l'a dit :

> C'est la flamme qui purifie,
> Le creuset divin où la vie
> Se change en immortalité (1).

(1) LAMARTINE, *Méditations poétiques.*

FIN

UN ÉPISODE

DE LA VIE DE MARIE LESCZINSKA

COMÉDIE EN DEUX ACTES

PERSONNAGES

La comtesse de **FLAINVALLE**.
MARIE LESCZINSKA.
ROSE DE **LAMBESSE**, jeune orpheline.
LODOISKA, vieille dame polonaise.
JACQUELINE, aubergiste.
LA DUCHESSE, dame d'atours de Marie Lesczinska.
SUZON, ancienne femme de service de la comtesse de
     Flainvalle.
BABET, filleule de la comtesse de Flainvalle.

L'action se place : le 1ᵉʳ acte en 1722, au moment où Marie Lesczinska revint de Wissembourg, où elle fut mise en pension, à Nancy où son père Stanislas-Lesczinski avait fixé son séjour; le 2ᵉ acte en 1725, à l'époque même de son mariage.

UN ÉPISODE

DE LA VIE DE MARIE LESCZINSKA

COMÉDIE EN DEUX ACTES

ACTE PREMIER

La scène représente l'intérieur d'une auberge de village — bahut
au fond — fenêtre sur la rue.

SCÈNE PREMIÈRE

JACQUELINE, *seule.*

*Au lever du rideau, Jacqueline tient à la main un
chandelier qu'elle vient de fourbir... elle va pour
le poser sur le bahut, au fond. Elle s'arrête, puis
revient tout en parlant, par un mouvement très
naturel aux personnes préoccupées. Elle reproduit
plusieurs fois ce jeu de scène, qui devra s'accorder
avec les différentes coupures du monologue suivant.*

Il y a quelque chose là dessous. Une grande demoiselle qui vous tombe des nues sans dire gare et
à qui Mme la comtesse donne rendez-vous ici, au
lieu de la recevoir chez elle, au château de Flainvalle! D'où vient-elle? elle me l'a dit... de Var.... de
Var... ah! Varsovie! Où cela peut-il bien se trouver? en pays étranger sans doute? en Suisse ou en

Belgique... à moins que ce ne soit tout simplement en Bourgogne !

C'est égal, ça sert à quelque chose de demeurer sur le bord d'une route. On voit le monde... on s'instruit... et on apprend les nouvelles ! Ce que je voudrais bien apprendre, c'est ce que cette Varsovivienne vient faire chez nous. Si je l'interrogeais, par en dessous, sans que Mme la comtesse s'en doute, par exemple ! elle qui est si secrète, si cachotière, que personne dans le pays n'a jamais rien su de ce qu'on aurait bien voulu savoir. Il est vrai que cela n'empêche pas de jaser sur son compte ; mais on jase bien bas... bien bas... Moi je me tiens, car c'est moi qui fournis le château de volailles et de beurre, et il ne faudrait pas que Mme la comtesse apprît que j'ai seulement parlé de la queue en trompette de son chien — Ah voici la Varsovivienne !

SCÈNE II

JACQUELINE, LODOISKA.

LODOISKA, *arrivant, à part.*

L'aubergiste. — Si je pouvais la faire causer !

JACQUELINE, *à part, faisant mine d'essuyer la vaisselle*
pour se donner une contenance.

Une Varsovivienne, ça ne doit pas avoir de défense !

LODOISKA, *à part.*

On dit que les Françaises sont si bavardes !

JACQUELINE, *même jeu que précédemment.*

C'est l'entame qui est difficile.

LODOISKA, *à part.*

Soyons adroite.

JACQUELINE, *à part.*

Soyons prudente. (*Haut, se retournant vers Lodoïska et la saluant.*)
Madame !

LODOISKA, *la reprenant.*

Mademoiselle...

JACQUELINE.

Ah ! mademoiselle.

LODOISKA.

Si vous voulez bien.

JACQUELINE, *finement.*

Mademoiselle n'avait pas encore visité notre pays ?

LODOISKA.

Un magnifique pays, madame.

JACQUELINE, *même jeu que précédemment.*

Mademoiselle n'est peut-être jamais venue en France ?

LODOISKA.

Non, madame.

JACQUELINE.

Il y a longtemps que mademoiselle connaît Mme la comtesse ?

LODOISKA, *se réservant.*

Ceci, madame, me regarde personnellement.

JACQUELINE.

Excusez-moi, mademoiselle.

LODOISKA.

Oh! parfaitement. (*Elle regarde par la fenêtre.*)
Est-ce le château de M⁰ᵉ la comtesse qu'on aperçoit à l'horizon?

JACQUELINE.

Oui, mademoiselle.

LODOISKA.

Et cette ferme?

JACQUELINE.

La ferme du château.

LODOISKA.

Cette forêt?

JACQUELINE.

Le bois de Flainvalle; il dépend de la ferme.

LODOISKA.

Un jardin charmant autour de cette maison. Vous
possédez-là une jolie propriété, madame.

JACQUELINE.

Hélas! elle ne nous appartient pas, nous la tenons
en ferme de M⁰ᵉ la comtesse. Presque tout le pays
lui appartient.

LODOISKA.

Elle est donc bien riche?

JACQUELINE, *mystérieusement.*

Oui, depuis l'héritage.

LODOISKA, *vivement.*

Quel héritage?

JACQUELINE, *se reprenant comme une personne qui s'est trop avancée.*

Les affaires de Mme la comtesse ne sont pas les miennes, mademoiselle.

LODOISKA.

Ah!... A quelle heure Mme la comtesse arrive-t-elle?

JACQUELINE.

Mais pour le passage de la voiture de Nancy, je suppose.

LODOISKA.

Qui doit amener Mlle Rose.

JACQUELINE.

Ah!... vous savez; au fait, c'est peut-être pour Mlle Rose que vous venez ici?

LODOISKA, *se réservant de nouveau.*

Je ne vous dis pas cela, madame.

JACQUELINE.

C'est vrai, mais comme Mlle Rose sort aujourd'hui même de pension...

2.

LODOISKA.

Est-elle gentille, Mlle Rose?

JACQUELINE.

Personne n'en sait rien.

LODOISKA.

Comment! on ne la connaît pas dans le pays?

JACQUELINE.

C'est encore un mystère.

LODOISKA.

Un mystère! Racontez-moi cela, chère madame.

JACQUELINE, *même jeu que précédemment.*

Je ne trahis jamais les secrets des autres, mademoiselle; — cependant...

LODOISKA.

Cependant?

JACQUELINE.

Nous pouvons nous entendre... Si vous vous engagez
à m'apprendre ce qui vous amène...

LODOISKA.

Eh bien?

JACQUELINE.

Je vais vous confier tout ce que je sais.

LODOISKA.

J'y consens.

JACQUELINE.

Marché fait, alors.

LODOISKA.

C'est convenu.

JACQUELINE.

Il faut vous dire qu'il y a quatorze ans M⁰ la comtesse n'était pas riche...

LODOISKA.

Sans doute, l'héritage dont vous parlez.

JACQUELINE.

Un héritage bien singulier, allez! Jamais personne n'en avait entendu parler. Dans ce temps-là, M⁰ la comtesse vivait bien chichement, dans son vieux manoir de Flainvalle, avec deux vieilles servantes, dont l'une est morte depuis et dont l'autre a perdu la tête. On ne passait pas, sans grande affaire alors, le pont-levis du château, car, à moins que ce ne soit pour recevoir son fermage, la comtesse accueillait son monde de manière à vous enlever toute tentation d'y revenir. — Tout à coup, le décor change : on fait venir des meubles de Nancy; le château est badigeonné en jaune; la comtesse commande un carrosse et donne une grosse cloche à l'église. — Plus fort que cela, — elle se met à acheter tout ce qui veut se vendre dans le pays : prés, moulins, fermes, basses et hautes futaies, jusqu'au village de Saint-Venant-les-Grolées. Je suppose que si la ville de Nancy eût été mise à l'encan, elle y eût passé tout comme les autres.

LODOISKA.

Mais cela ne m'explique pas comment la jeune Rose....

JACQUELINE.

Attendez-donc... Ceci est une histoire plus vieille encore que l'autre. C'était dans le temps de la misère. — Un beau soir une calèche à quatre chevaux s'arrête devant le château ; on n'avait jamais rien vu de pareil dans le pays. Il en sort un vieillard et un enfant. Un tout petit vieillard, courbé, ratatiné, emmistouflé. — L'enfant, une petite fille de quatre ans. C'était Rose. Au bout d'un mois, le vieillard, qu'on appelait M. le marquis gros comme le bras, se prit à mourir. Huit jours après, l'enfant était envoyé en pension à Wissembourg, d'où elle n'est jamais revenue. Mais il y a temps pour tout. Il paraît qu'elle a fini son éducation, et il faut bien qu'on la reprenne. La petite fille de quatre ans en a dix-sept à présent, et c'est aujourd'hui même qu'elle arrive par la voiture de Nancy. A votre tour, maintenant, mademoiselle... (*hésitant comme si elle cherchait un nom*), mademoiselle...

LODOISKA

Lodoïska Krapalich de Prateroski...

JACQUELINE.

Ah ! je ne vous promets pas de retenir ce nom-là, par exemple.

LODOISKA.

Je suis issue d'une famille princière; mais les guerres continuelles et les révolutions intérieures dont mon malheureux pays a été le théâtre ont renversé bien des fortunes. Nos rois eux-mêmes ne sont pas à l'abri de ces revers subits et l'un d'eux, chassé de Pologne il y a quelques années, le vieux Stanislas Lesczinski est venu se réfugier jusque dans votre pays. Vous savez peut-être qu'il vit à Nancy, avec sa fille Marie, dans un état voisin de l'indigence. On dit que c'est à peine s'il parvient à payer la pension de la jeune princesse qu'on a placée par pure économie dans un couvent de la ville de Wissembourg. Nous aussi, nous avons connu l'épreuve et l'infortune! Hélas, une si belle famille ! Deux chanceliers, douze ministres et plus de vingt généraux! Les colonels ne se comptent pas. Une famille qui a semé ses bras et ses jambes sur tous les champs de bataille de l'Allemagne. Ah ! chère madame, c'est à la cour du roi de Pologne, ce n'est pas dans celle de cette auberge qu'on devrait me voir en cet instant!

JACQUELINE.

Ma pauvre demoiselle, chaque famille a eu ses illustrations et ses revers. Un de mes grands-pères du côté maternel a bien été rabatteur de lapins de monseigneur le duc d'Épernon.

LODOISKA.

Si noble qu'on soit, il faut manger; voilà pourquoi j'ai accepté de servir de mentor à une jeune fille française, moyennant une bonne rente annuelle de quinze cents livres; quinze cents livres! c'est-à-dire le paradis sur terre... On m'impose deux conditions.

JACQUELINE.

Deux conditions, dites-vous?

LODOISKA.

La première, c'est que je viendrai la chercher à jour fixe, ici même. M'y voici.

JACQUELINE.

La seconde?

LODOISKA.

La seconde c'est que je serai d'une discrétion absolue avec tout le monde. Quant à celle-là...

JACQUELINE.

Vous n'en avez pas parlé à d'autres, au moins.

LODOISKA.

Vous êtes la première personne à qui j'en ouvre la bouche.

JACQUELINE.

En ce cas, vous pouvez être rassurée...C'est comme si vous aviez raconté la chose à une tombe...A charge de revanche.

LODOISKA.

Soyez tranquille.

JACQUELINE, *regardant par la fenêtre.*

Ah! voici Mme la comtesse.

LODOISKA, *vivement.*

Je ne vous ai rien dit.

JACQUELINE, *même jeu.*

Vous n'avez rien entendu.

LODOISKA, *mettant le doigt sur la bouche.*

Pas un mot!

JACQUELINE, *même jeu.*

Silence !

SCÈNE III

LES MÊMES, LA COMTESSE.

LA COMTESSE, *saluant Lodoïska.*

Bonjour, mademoiselle, bonjour Jacqueline. Jacqueline, laissez-moi avec mademoiselle.

JACQUELINE.

Oui, madame la comtesse. (*Elle fait mine de ranger les meubles au fond de la scène.*)

LA COMTESSE, *à Lodoïska.*

Vous avez fait un bon voyage, mademoiselle?

LODOISKA.

Oui, madame la comtesse, quoiqu'un léger accident arrivé à notre voiture dans le Palatinat m'ait fait craindre un moment d'être en retard.

LA COMTESSE.

Je l'eusse regretté, mademoiselle, car la jeune fille en question va arriver tout à l'heure, et il est bien important que vous vous trouviez ici en même temps qu'elle. (*S'apercevant que Jacqueline est restée aux écoutes.*) Jacqueline, je vous ai déjà dit de vous retirer.

(*Jacqueline sort comme à regret.*)

SCÈNE IV

LA COMTESSE, LODOISKA.

LA COMTESSE, *après s'être assurée que Jacqueline est sortie.*

Toutes nos conventions sont bien arrêtées.

LODOISKA.

J'ai essayé, madame la comtesse, de me pénétrer des instructions contenues dans votre lettre.

LA COMTESSE.

C'est bien. D'ailleurs, monsieur Lubodiski, mon correspondant, m'a assuré que vous étiez intelligente et que vous aviez besoin d'argent.

LODOISKA.

Oh ! madame la comtesse...

LA COMTESSE.

Je sais ce que je dis — service contre service — je ne regarderai pas au prix, si vous exécutez à la lettre mes volontés à l'égard de Rose.

LODOISKA.

Madame la comtesse sera obéie. On dit cette petite Rose fort intéressante.

LA COMTESSE.

Ceci est secondaire; l'important est qu'elle soit dirigée conformément à mes intentions.

LODOISKA.

Madame la comtesse peut être assurée de mon zèle et de mes soins. Rose sera ma fille. Je tâcherai de lui rendre la vie agréable; nous parlerons ensemble de sa patrie, de cette belle France...

LA COMTESSE, *l'interrompant.*

Gardez-vous-en bien...

LODOISKA, *étonnée.*

Ah! tout au moins du pays si avenant, si pittoresque que je viens de parcourir.

LA COMTESSE.

Encore moins; ne prononcez pas un mot qui puisse lui donner l'idée d'y revenir un jour.

LODOISKA.

Il me sera du moins permis de l'entretenir de vous, sa parente... sa bienfaitrice.

3

LA COMTESSE.

Cela dépend.

LODOISKA.

Je lui répéterai combien vous êtes bonne, compatissante, généreuse...

LA COMTESSE.

Non, non, non. C'est tout le contraire.

LODOISKA.

Comment, le contraire!

LA COMTESSE.

Pour elle, je dois être désagréable.

LODOISKA.

Madame la comtesse!

LA COMTESSE.

Hautaine.

LODOISKA.

·Madame la comtesse!

LA COMTESSE.

Exigente, difficile à vivre, insupportable enfin.

LODOISKA.

Madame la comtesse! Madame la comtesse!

LA COMTESSE.

· Je le veux ainsi.

LODOISKA.

(*A part.*) Oh! mes quinze cents livres!

LA COMTESSE.

Toutefois, je vous permets de lui rappeler les sacrifices que j'ai déjà faits pour son éducation, ceux auxquels son établissement m'obligera encore, et par contre, la reconnaissance sans bornes qu'elle me doit. Elle ne peut me la témoigner que d'une seule manière.

LODOISKA.

Laquelle?

LA COMTESSE.

En obéissant aveuglément à ma volonté. Or, ma volonté expresse (*appuyant sur tous les mots*) est qu'elle ne revoie jamais la France.

LODOISKA.

Jamais !

LA COMTESSE.

Toutes vos paroles, tous vos efforts doivent tendre à ce but unique: lui inspirer le goût de sa nouvelle patrie (*hésitant*) et, autant que possible, l'horreur de...

LODOISKA, *achevant la pensée de la comtesse.*

L'horreur de la France, je ne pourrai jamais, madame la comtesse.

LA COMTESSE.

Pas de sentimentalité, mademoiselle. Du moment où Rose, dirigée par vous, s'établira définitivement en Pologne, je vous constituerai une rente de deux mille écus par an, pour le reste de vos jours.

LODOISKA.

Deux mille écus par an ! vous serez obéie, madame la comtesse.

SCÈNE V

LES MÊMES, JACQUELINE.

JACQUELINE.

On aperçoit la voiture au haut de la colline de Séricourt. Avant un quart d'heure, elle sera ici.

LA COMTESSE.

C'est bien. (*A Lodoïska.*) Allez vous préparer, mademoiselle. La voiture ne restera pas plus d'une demi-heure devant cette auberge, le temps de relayer et d'attendre les correspondances du voisinage. C'est donc trois quarts d'heure environ que vous avez encore devant vous. Souvenez-vous bien de toutes mes recommandations. Allez.

Lodoïska et Jacqueline sortent. Jacqueline fait mine d'interroger Lodoïska des yeux. Lodoïska garde l'aspect le plus réservé. La comtesse observe cette dernière jusqu'au moment où elle disparaît.

SCÈNE VI

LA COMTESSE, *seule.*

Lubodiski avait raison ! Cette fille, pauvre et avide comme il convient, fera parfaitement mon affaire. Une fois débarrassée de Rose, qu'ai-je donc à redouter ? Il y a encore Suzon, mais, bah ! une malheureuse femme dont la mémoire, sans doute, s'est éteinte avec la raison ! A propos de cette pauvre Suzon, pourquoi ne vient-elle pas ? Pourquoi ne m'apporte-t-elle pas, comme d'habitude, lorsque je passe près de sa chaumière, un bouquet de fleurs cueillies dans la montagne ?

SCÈNE VII

LA COMTESSE, SUZON.

Cette dernière tient un gros bouquet à la main.

SUZON, *avec un grand salut.*

Bien le bonjour, madame la comtesse.

LA COMTESSE.

Je pensais à toi, Suzon ; cela ne va donc pas.

SUZON.

Non, madame la comtesse, cela s'en va.

LA COMTESSE.

Tu m'apportes un bouquet ?

SUZON.

De fleurs des champs ; les fleurs des champs ont leur langage.

LA COMTESSE.

Ah ! oui, ta marotte habituelle.

SUZON, *indiquant les fleurs.*

Voici la pâquerette... amitié — la pensée... ré-

flexion. Ah! elles me parlent, mes petites fleurs...
Il y a bien des choses qu'elles ne disent qu'à moi.

LA COMTESSE.

Bah !

SUZON.

Il existe des gens qui lisent dans la main, d'autres
dans les yeux ; moi, je lis dans les fleurs.

LA COMTESSE.

Pauvre folle !

SUZON.

Oui, on dit que je suis folle ; mais les fleurs
savent bien le contraire. Tenez, voici une verveine
qui veut dire : secret. Si madame la comtesse le
permet...

LA COMTESSE.

Non, Suzon, nón, une autre fois. Merci pour ton
bouquet, et prends cette petite pièce... Adieu, Suzon,
adieu.

SUZON *s'en va en répétant.*

Mousse — simplicité ;
Violette — modestie ;
Laurier — gloire.

SCÈNE VIII

On entend un roulement de voiture.

LA COMTESSE, *seule.*

La voiture. (*Elle regarde par la fenêtre.*) Je reconnais Rose, mais elle n'est pas seule !.. Une de sés

compagnes la suit. Je ne sache pourtant pas qu'il y ait d'autres pensionnaires dans les environs. Sans doute une jeune fille de Nancy. Je ne me soucie pas de recevoir Rose devant témoins. J'attendrai que l'autre soit partie. (*Elle sort.*)

SCÈNE IX

ROSE, MARIE.

ROSE *arrivant et ôtant son châle.*

Eh bien, ma chère Marie, il va falloir nous quitter.

MARIE.

Mais nous nous reverrons, Rose. Oh! bien souvent!

ROSE.

Il n'y a pas si loin de Flainvalle à Nancy.

MARIE.

Et si tu savais combien mon bon père sera heureux de te voir; je t'avertis, par exemple, que tu ne recevras pas une hospitalité brillante.

ROSE.

Comment! chez un roi?

MARIE.

Oui, mademoiselle, chez un roi, dont à vous seule vous composerez toute la cour. Ah! Dieu m'est témoin que ce n'est pas la couronne que je regrette : ce sont tous nos parents, nos amis, cette chère Pologne qui a été ma première France.

ROSE.

Qui sait, Marie ! les destins sont changeants.

MARIE.

Voilà précisément ce qui cause les préoccupations de mon pauvre père. Je préférerais, moi, qu'il n'eût jamais porté le sceptre. Nous serions heureux et tranquilles dans notre chère patrie, au lieu d'être pauvres et inquiets en exil.

ROSE.

Pauvres, ma chère Marie ?

MARIE.

Oui, pauvres. C'est à peine si le roi de Pologne peut conserver à son service une modeste servante. Je ne te demande pas si tu vas être heureuse, toi !

ROSE.

Moi, je suis plus pauvre et plus abandonnée que toi. Je ne connais pas même le pays où je dois vivre, ni celle qui me sert de mère.

MARIE.

Madame la comtesse de Flainvalle ?

ROSE.

J'avais quatre ans quand mon père mourut et quand je la quittai pour me rendre à Wissembourg. On m'a dit qu'elle était souffrante, fort occupée et qu'il lui était difficile de sortir de son château de Flainvalle. Voilà pourquoi, sans doute, toute ma jeunesse s'est passée loin d'elle, au couvent de la Miséricorde.

MARIE.

Sais-tu que tu as douze ans de pension toi ! tu es ce que nous appelions : une ancêtre !

ROSE.

Ah ! je veux du moins lui payer l'arriéré de tendresse et de dévouement que je lui dois. Tous mes efforts, Marie, seront consacrés désormais à prévenir ses désirs, à lui épargner des fatigues ou des peines, à lui prouver enfin qu'elle n'a pas fait une ingrate.

MARIE.

Chère Rose, es-tu assez bonne ? Moi seule sais ce que tu vaux.

ROSE.

Je vous connais bien aussi quelque peu, mademoiselle. Nous ne nous sommes plus quittées depuis le jour où nous nous sommes vues pour la première fois.

MARIE.

Cela se fait ainsi, on se regarde, on se convient, on s'aligne... c'est pour la vie.

ROSE.

Et que de souvenirs ! Te rappelles-tu le jour où tu es tombée en voulant monter sur... (*hésitant*) sur !...

MARIE.

Bah ! dis quand même... sur un arbre. Quelle est la pensionnaire qui n'a pas voulu monter sur un arbre... Mais la punition ne s'est pas fait attendre. Je suis tombée et je me suis déchiré le bras dans ma chute.

ROSE.

Je ne puis y penser sans frémir ; le sang coulait par grosses gouttes...

MARIE.

Alors qu'est-ce qui est arrivé? Ma chère Rose est accourue, et, après avoir convenablement pleuré, elle a tiré son mouchoir... elle en a composé des bandes au risque d'exaspérer la Sœur lingère, et elle m'a bien doucement, bien tendrement entouré le bras. Voilà ce que vous avez fait, ma bonne petite Sœur de charité.

ROSE.

Et pendant ce temps vous souffriez, mademoiselle ! Oh ! ne le niez pas, vous souffriez beaucoup ; je vous voyais pâlir. Mais, pour ne pas m'effrayer, vous essayiez de retenir deux grosses larmes qui perlaient sur le bord de vos paupières et vous m'adressiez un brave petit sourire, comme ceci. — Ai-je bonne mémoire, madame l'héroïne?

MARIE.

Et le jour où je fus interrogée par madame l'inspectrice. La veille, j'avais reçu une fâcheuse lettre de Nancy et je n'avais pu me mettre au travail... Je ne savais pas un mot, un traître mot de cette perfide leçon. Mais vous étiez là... toujours là. Vous vous glissâtes le long du banc, derrière les pupitres, comme une petite souris, et vous me soufflâtes tout... ou à peu près. Mais on vous avait vue.

ROSE.

Ah! je m'en souviens! Quelle affaire!!!

MARIE.

On vous avait vue... et on vous punit... Combien j'étais désolée!

ROSE.

Ce que vous ne racontez pas, mademoiselle, c'est que vous vîntes vous jeter aux pieds de notre maîtresse en suppliant qu'on vous permît de faire la punition à ma place.

MARIE.

Ce qu'il faut ajouter, mademoiselle, c'est que vous vous y précipitâtes de votre côté, en assurant que vous étiez la seule coupable!

ROSE.

Si bien qu'on finit par nous faire grâce à toutes les deux.

MARIE.

Je n'en fus pas moins sauvée par vous, monsieur l'ange gardien.

ROSE.

Et moi rachetée par vous, madame la Providence.

MARIE, *regardant par la fenêtre.*

Ah! mon Dieu, pendant que nous bavardons, déjà un cheval d'attelé.

ROSE.

Plus que l'autre cheval pour nous dire adieu.

SCÈNE X

LES MÊMES, SUZON, *arrivant avec un bouquet.*

SUZON.

Voilà deux gentilles demoiselles auxquelles je vais offrir mon bouquet.

MARIE, à Rose, à part.

Une pauvresse, sans doute!

ROSE, de même.

Il y en a, dit-on, beaucoup dans les montagnes.

SUZON, regardant son bouquet.

Des fleurs des champs; il n'y a que les fleurs des champs, voyez-vous, pour être sincères; — les fleurs de ville sont des menteuses.

MARIE, à Rose.

Voilà qui est original.

SUZON, portant le bouquet à son oreille.

Et que de choses on apprend par les fleurs! Les fleurs en savent plus que vous et moi... allez.

MARIE, à Rose.

Je vois ce que c'est. (*Faisant un geste expressif.*) La tête n'y est plus.

ROSE, *de même.*

Une folie douce; — elle a l'air d'une bien brave femme.

SUZON.

Voulez-vous apprendre l'avenir ? Je vais consulter mes fleurs.

MARIE, *à Rose.*

Ah! pour ça je le veux bien... Avons-nous le temps?

ROSE, *regardant par la fenêtre.*

Oui... le cheval se cabre.

MARIE.

Brave cheval! (*A Suzon.*) Nous vous écoutons, ma pauvre femme.

ROSE, *s'approchant.*

Ainsi ces fleurs parlent...

SUZON.

Comme vous et moi, mademoiselle : mais il faut savoir les entendre; cela n'est pas donné à tout le monde.

ROSE.

Je le crois.

SUZON, *agitant un peu le bouquet.*

Ainsi, voici un myosotis; remarquez comme il s'entr'ouvre... Ses jolis pétales bleus s'écartent et on dirait que son petit cœur palpite. Le myosotis veut dire : je me souviens... C'est qu'il vous reconnaît, mademoiselle; vous êtes déjà venue sans doute en ce pays.

ROSE.

C'est vrai, il y a quatorze ans.

SUZON.

Quatorze ans. Quatorze ans... Oui... l'année fameuse! Ah! je ne m'étonne pas si le myosotis tremble en vous voyant; car il tremble de toutes ses feuilles, le pauvre petit myosotis!

MARIE, *regardant*.

J'ai beau écarquiller les yeux, je ne vois rien.

ROSE.

Ni moi non plus. — Ceci c'est le passé, — mais l'avenir?

SUZON.

L'avenir... il faut observer... écouter... (*Regardant Rose.*) Ah! pauvre demoiselle... le saule a remué — mélancolie, — puis l'épine noire — difficulté, — puis la feuille d'absinthe — longue absence... Vous vous en irez loin... bien loin.

MARIE.

Vous vous trompez, ma pauvre femme, ce n'est pas d'elle, c'est de moi sans doute que vous voulez parler.

SUZON.

Non, non... bruyère... abandon. (*Désignant Rose.*) C'est bien elle qui est orpheline, n'est-ce pas? Mais attendez... attendez donc... Muguet : retour du bonheur... Elle finira par être heureuse et riche.... J'en suis bien contente...

MARIE.

Et moi aussi... à mon tour maintenant.

SUZON.

Oui... mettez-vous près du bouquet... bien près.

MARIE.

M'y voici.
(*Moment de silence.— Suzon est penchée sur le bouquet et paraît plongée dans une contemplation profonde.*)

SUZON.

Par saint Babylas... que vois-je ? Le bouquet a frémi tout entier. Les fleurs se choquent; une se détache et s'élève... s'élève... une belle fleur blanche... (*A Marie.*) Vous serez reine, ma belle amie...

MARIE, *à Rose.*

(*A part.*) Elle nous aura entendu parler tout à l'heure. (*Haut à Suzon.*) Reine de Pologne, sans doute ?

SUZON.

Pologne... je ne connais pas... Pologne. Oh ! non... bien plus haut que Pologne... bien plus haut... vous serez reine de...

SCÈNE XI

LES MÊMES, JACQUELINE.

JACQUELINE, *coupant la parole à Suzon et s'adressant
à Marie.*

La voiture vous attend, mademoiselle.

MARIE, *prenant sa bourse et la versant entre les mains
de Suzon.*

Tenez, ma pauvre femme, voilà pour vos souhaits.
(*A Rose.*) Adieu, mon amie, adieu ma sœur.

ROSE.

Tu sais ce qui est convenu... Tu m'écriras.

MARIE.

Tous les mois. — Tu me répondras.

ROSE.

Tous les quinze jours.

MARIE.

Prends du grand papier surtout, une plume bien
fine et raconte-moi tout.

ROSE.

Tout et encore plus, si c'est possible.

MARIE.

Adieu, adieu, ma bonne Rose.

ROSE.

Adieu, ma chère Marie, adieu.

(Elles s'embrassent avec effusion. Marie disparaît avec Suzon. Rose reste à la fenêtre et lui envoie de nombreux baisers. On entend la voiture qui s'éloigne.)

SCÈNE XII

ROSE, *seule.*

Adieu donc, ma vieille pension, adieu mes chères amies, adieu mes bonnes et dignes maîtresses, adieu tout mon passé. — Me voilà seule avec l'inconnu. — Ah! du moins, au fond de mon cœur, vous avez laissé des traces qui ne s'effaceront pas. Au milieu de vous, mes mères et mes compagnes, j'ai acquis la confiance en Dieu et l'amour de mes devoirs. Vous m'avez appris qu'avec cela on ne se trouve isolée et dépourvue nulle part.

SCÈNE XIII

ROSE, LA COMTESSE, JACQUELINE.

JACQUELINE, *annonçant.*

Madame la comtesse de Flainvalle.

ROSE.

Ah ! *(Se précipitant au-devant de la comtesse.)* Madame, il m'est donc permis de vous connaître et de vous remercier.

LA COMTESSE, *tendant la main à Rose comme pour l'empêcher d'approcher plus près.*

C'est bien, Rose, nous avons à causer.

(Jacqueline sort sur un geste de la comtesse.)

ROSE, *gardant les mains de la comtesse entre les siennes.*

Laissez-moi, madame, vous exprimer ma reconnaissance.

LA COMTESSE, *se dégageant.*

Je connais vos sentiments, Rose ; aussi je viens faire appel à votre soumission.

ROSE, *comme étonnée de la froideur de la comtesse.*

Ah ! tout ce que je pourrai faire, madame la comtesse...

LA COMTESSE.

On m'a dit que vous vous étiez flattée de vivre à Flainvalle, près de moi.

ROSE.

C'eût été, en effet, le plus cher de mes vœux.

LA COMTESSE.

Je rends justice à vos bonnes intentions ; mais cela ne me semble désirable ni pour vous, ni pour moi.

ROSE.

Pourquoi donc, madame ?

LA COMTESSE.

Pour vous, Rose, ce serait une existence triste et pénible.

ROSE.

Ah! madame, veuillez ne pas vous préoccuper...

LA COMTESSE, *l'interrompant.*

Je suis vieille, grondeuse, un peu maniaque peut-être et très-soucieuse de mon repos.

ROSE.

Je me serais pliée, madame, à toutes vos habitudes.

LA COMTESSE.

Je vous avoue que je m'en sentirais gênée, et que j'en souffrirais moi-même. Je sais mieux que vous ce qui peut nous convenir à toutes les deux.

ROSE.

Je vous obéirai, madame.

LA COMTESSE.

J'ai décidé que vous feriez un voyage intéressant et j'ai fait choix pour vous accompagner d'une personne distinguée, qui doit vous emmener jusque dans son pays, un pays magnifique, la Pologne...

ROSE.

Si loin de vous, madame.

LA COMTESSE.

Oui, j'ai des amis à Varsovie; vous y serez bien reçue et bien traitée. J'attends encore quelque chose de vous.

ROSE.

Ordonnez, madame.

LA COMTESSE.

C'est de suivre aveuglément les conseils de Mlle Lodoiska, votre gouvernante, à laquelle j'ai donné des
instructions précises.

ROSE.

Puis-je vous demander quand je partirai, madame ?

LA COMTESSE.

Mais de suite... aujourd'hui même.

ROSE.

Comment, madame, vous ne me permettrez pas de
passer quelque temps... quelques jours près de vous ? Je
n'aurai pas la joie de revoir le château de Flainvalle
où j'ai été recueillie à mon arrivée en France ? Vous
ne m'accorderez pas la permission de contempler les
lieux où mon pauvre père est mort (*mouvement de la
comtesse*), et la consolation de prier sur sa tombe ?

LA COMTESSE.

C'est impossible, Rose. La voiture qui vous est destinée est prête et Mlle Lodoiska... vous attend. —
Venez, je vais vous présenter à elle.

ROSE.

Déjà !

LA COMTESSE.

Je vous l'ai dit... votre soumission sera le meilleur
garant de votre reconnaissance.

ROSE.

Moi aussi, je vous l'ai dit, madame..., je vous obéirai.

(*La toile tombe.*)

FIN DU PREMIER ACTE

DEUXIÈME ACTE

La scène représente un salon, dans le château de Flainvalle. Sièges, table avec tout ce qu'il faut pour écrire; un grand fauteuil dans le fond, près de la fenêtre; quelques vieux portraits accrochés aux murs.

SCÈNE PREMIÈRE

LA COMTESSE, BABET.

La Comtesse est en grande toilette : robe à traîne, coiffure, dentelles et panaches. — Un ridicule au bras et un éventail à la main. — Babet est mise comme une paysanne endimanchée. Un gros bouquet est attaché à son côté.

LA COMTESSE.

Allons, Babet, range ces fauteuils. Ventre-saint-gris, j'en perds la tête; la reine chez moi! la reine au château de Flainvalle! Comprends-tu quel honneur Babet! Quel honneur pour moi et pour cette maison!

BABET.

J'comprenons, madame, qu'c'est toujours ben de l'ouvrage de pus. Mais comment ça s'fait-il, ce grand coup-là?

LA COMTESSE.

Il paraît que la jeune princesse, avant de rejoindre

son royal époux, se rend à Wissembourg pour visiter le couvent où elle a été élevée, et comme nous nous trouvons sur la route, elle me fait l'honneur de s'arrêter chez moi avec sa cour.

BABET, *étonnée.*

Sa cour? va-t-elle aussi apporter sa maison?

LA COMTESSE.

Babet, tu es stupide...(*Se parlant à elle-même.*) Il est vraiment étonnant que notre roi Louis XV ait préféré cette pauvre petite Polonaise à toutes les filles de roi; enfin, ça le regarde... Elle n'en est pas moins la reine.

BABET, *faisant mine de réfléchir.*

Madame?

LA COMTESSE.

Que vas-tu dire encore?

BABET.

Comment qu'c'est bâti, une reine?

LA COMTESSE.

Babet, tu m'ennuies...

BABET.

Ben sur, ça mange pus que les autres... car tout ce qu'on entasse dans la cuisine depuis trois jours...

LA COMTESSE.

A propos... Les maîtres d'hôtel sont-ils arrivés de Nancy?

BABET.

De Nancy.... Manqué bén. J'ons vu débouler à c'matin trois biaux monsieu avec des habits tout dorés, des mollets gros commé ça et une chaîne ben reluisante autour du col. C'est-y çá des maîtres d'hôtel ?

LA COMTESSE, *haussant les épaules.*

Sans doute. (*Regardant par la fenêtre.*) On voit d'ici l'avenue de feuillage que j'ai fait dresser jusqu'à la routé de Nancy. Cela produit, ma foi, un très bel effet...

BABET, *venant se placer tout auprès de la comtesse.*

Ma feinte, oui. C'est-y qu'la procession va passer par là ! (*S'oubliant et frappant sur l'épaule de la comtesse.*) V'là tout l'monde qui r'foule, mame la comtesse. Ah ! queu monde ! queu monde !

LA COMTESSE.

Babet, vous devenez familière ; finissez d'arranger cette pièce. (*Se remettant à la fenêtre.*) Voici tous mes vassaux. Les écoles, les baillis, la maréchaussée. Tout ce petit monde a l'ordre de mêler, aux cris de vive la reine, quelques : *vive Mme la comtesse ;* cela fera bien. Quant à mon placet, c'est le gouverneur lui-même qui s'en est chargé. Nous l'avons rédigé ensemble : je représente à Sa Majesté que la terre de Flainvalle, par son importance, par sa situation, par son ancienneté, peut aspirer au premier rang dans la province, et que le roi accomplirait un acte de haute justice et de bonne politique en érigeant le comté en duché. Duchesse de Flainvalle! Sa Majesté ne peut pas moins faire après la réception splendide que je lui ménage. Duchesse de Flainvalle! Et puis quelle garantie! Quelle sécurité! Qui oserait souffler mot après cet acte éclatant de la bienveillance royale. Duchesse de Flainvalle! Babet, duchesse de Flainvalle, trouves-tu que ça aille bien?

BABET.

Ça dépend à qui, mame la comtesse, si c'était à moi par exemple?

LA COMTESSE.

Décidément, tu es une sotte. Allons trémousse-toi un peu, petite pimbêche, pendant que je vais ordonner les derniers préparatifs. (*Elle sort.*)

SCÈNE II

BABET, *seule.*

Oui, oui, je suis une sotte... Cela ne m'a pas empêché de ben entendre son latin! Elle a nommé ça un placet; il paraît que c'est comme ça que ça se passe avec les reines. Quand on a envie de queuqu' chose, on barbouille un chiffon de papier, on leur z'y donne et puis, ça va, manqué ben, tout seul après. Par saint Babylas, not patron, j'savons écrire itou... si j'faisions comme marraine!... Justement ma grand' maman Gertrude qu'a si bonne envie d'une vache! C'est pas une place de duchesse, c'est une vache, une toute petite vache. Pardine, vlà du papier et une belle

plume toute neuve. J'parions que c'est saint Babylas
qui m'a baîllé ça tout exprès.

(*Elle s'assied devant la table et se met à écrire.
— Prononçant les paroles à mesure qu'elle les écrit.*)

« Mame la Reine.

« J'sommes, pour vous servir, la petite Babet, la
« filleule de ma marraine et la petite-fille de ma
« grand'maman. Imaginais-vous, mame la reine,
« que c'te pauvre vieille de grand'maman, qui jouira
« de ses soixante-dix ans aux prunes nouvelles, s'est
« fourré dans l'imaginative de posséder une vache...
« Mais une vache, il paraît qu'ça revient à cher,
« et j'navons que 17 sous et 3 deniers dans notre
« boursicaut. Ah ! mame la reine, vous qu'on dit tant
« riche et tant bonne, donnez-vous le cœur de baîl-
« ler la vache à grand'maman, et, foi de Babet, j'vous
« promettons, de met', en votre honneur, un gros
« cierge devant saint Babylas, qui se trouve, comme
« vous savez ben, à drète en entrant près de la
« grande porte de l'église. » (*Se levant.*) J'vas laisser
mon papier là... ça fait que quand la reine passera...

SCÈNE III

BABET, LODOISKA.

*Lodoïska en amazone, le chapeau de travers, une
cravache à la main, arrive impétueusement sur la
scène.*

BABET, *épouvantée.*

Queu qu'c'est que c'tourbillon-là ? (*Elle sort en
courant.*)

4

SCÈNE IV

LODOISKA, *seule.*

(*Se laissant tomber sur une chaise.*) Ouf! voilà quinze jours que je n'en ai fait autant. Voyons, récapitulons les incidents de mon voyage, en vue du récit que je vais en faire à la comtesse.

C'était le huit juillet, quinze jours, je disais bien. Je m'étais rendue de la campagne où nous vivons, à Varsovie, pour avoir des nouvelles. Mais pouvais-je penser? pouvais-je prévoir? Rose paraissait si calme, si résignée! Je reviens au bout de vingt-quatre heures. Grand Dieu! Que m'apprend-t-on? Pendant mon absence, l'ambassadeur de France avait fait saisir Rose par ordre de la reine et l'avait fait partir, sous escorte, pour la Lorraine. Hélas! c'étaient mes 1,500 livres de pension qui filaient avec elle. Une autre que moi se serait répandue en gémissements stériles! Moi j'ai pris une chaise de poste et je me suis mise bravement à leur poursuite. Ah! quelle course! par tous les électeurs de Pologne, quelle campagne! J'arrive à Kalitz avec dix heures de retard sur les fugitifs. La vue de ces lieux illustrés par mes aïeux me remplit d'une nouvelle audace..... Je change de chevaux et je poursuis... A Glogau j'avais gagné deux heures, à Leignitz cinq heures, à Gorlitz six heures.... je continue... Je les perds à Rantzau, mais je les retrouve à Dresde. Il y avait trois jours et trois nuits que je n'avais vu un lit. Bah! je me souviens qu'un Prateroski, en guerre avec les Mongols, resta deux ans sans quitter son armure... Je parcours la Saxe... je brûle Bayreuth... je côtoie Bambberg; j'écorne Wurtzbourg... Je traverse Mayence... Je parviens en Hesse... je suis près de les atteindre... patatras... voilà ma voiture qui se brise. — Jadis les Polonaises montaient à cheval pour suivre leurs époux à la croisade ; je monte à cheval et me voilà relancée. A Deux-Ponts, mon cheval était fourbu ; j'en prends un autre et je tranche à travers champs et forêts, au plus court ; je vous fais grâce des fossés, des haies et des cours d'eau. Je fus sur le point de passer le Rhin à la nage. Enfin j'arrive à Wissembourg où j'espérais leur couper la retraite. Ah ! bien oui ! Pendant que je prenais à droite, ils avaient tourné à gauche. La partie était perdue..... Il ne me restait plus qu'à venir trouver la comtesse et à lui tout avouer. Peut-être serait-elle touchée de mes fatigues et de mon courage! Mais où est-elle donc la comtesse? Elle ignore donc que je ne puis plus rester en place. L'habitude de la vie errante sans doute!... Le mouvement! l'entraînement... il faut que je marche! il faut que je m'agite! (*Regardant par la fenêtre.*) Aussi bien, voici deux dames qui arrivent de ce côté; je me sauve par celui-ci. (*Elle sort.*)

SCÈNE V

MARIE, LA DUCHESSE, *une liasse de papiers à la main.*

MARIE.

Nous avons eu bien de la peine à leur échapper, madame la duchesse.

LA DUCHESSE.

En effet... mais Votre Majesté possède une perspi-
cacité...

MARIE.

Oh ! pour ces choses-là, oui... C'est que j'en ai tant
subi depuis un mois, de ces fêtes, de ces présentations,
de ces discours interminables... Du plus loin que
j'aperçois le tricorne d'un bailli ou les lunettes d'un
maître d'école, je fuis à tire d'ailes. Nous nous
sommes conduites comme des écolières, madame la
duchesse.

LA DUCHESSE.

Que va dire la comtesse de Flainvalle ?

MARIE.

Ah ! ce n'est pas elle que je plains... Ce sont ces
pauvres gens qui s'empressent pour me voir... mais
je les dédommagerai... Avons-nous encore quelques
écus au fond de notre bourse ?

LA DUCHESSE.

Au train où va Votre Majesté, elle aura bientôt
tout épuisé. Votre Majesté ne peut rencontrer un
malheureux sans compatir à ses souffrances.

MARIE.

La seule chose qui puisse consoler des assujettisse-
ments du trône, c'est le plaisir de faire le bien (1).

(1) Paroles authentiques de Marie Lesczinska.

LA DUCHESSE.

Aussi, Votre Majesté ne peut-elle faire un pas sans être escortée d'une foule de mendiants et d'infirmes.

MARIE.

Vous connaissez le mot de Nangis, à ce sujet?

LA DUCHESSE.

Du chevalier de Nangis? Non, madame.

MARIE.

Il y a quelques jours, à Strasbourg, de pauvres gens s'efforçaient, comme d'habitude, de pénétrer jusqu'à mon carrosse... Mes gardes les tenaient à distance lorsque le chevalier de Nangis survient et écarte les soldats en s'écriant : Laissez passer le régiment de la reine.

LA DUCHESSE.

Votre Majesté permet-elle que je lui fasse connaître, pendant que nous sommes seules, le résultat des négociations entamées par son ordre.

MARIE.

Vous avez des nouvelles?

LA DUCHESSE.

Un courrier apporte à l'instant des lettres de Paris.

MARIE.

Eh bien?

LA DUCHESSE.

On a obtenu des renseignements circonstanciés sur le marquis de Lambesse-Morvan.

MARIE.

C'est dans cette propre maison qu'il est mort.

LA DUCHESSE, *parcourant des papiers.*

Avant de venir ici, il avait séjourné à l'étranger pendant plusieurs années.

MARIE.

En Allemagne, je crois, où les tracasseries du régent l'avaient amené à chercher un asile. Nous savons cela.

LA DUCHESSE.

Mais il paraît qu'avant de partir, il avait réalisé une partie de ses biens et retiré des bénéfices importants de ses opérations sur la banque de Law ; c'est même en cette occasion qu'il se brouilla avec le régent.

MARIE.

Ah ! voici l'intéressant.

LA DUCHESSE.

Lorsque le marquis quitta le comté de Nassau pour revenir en France, il était porteur de sommes considérables.

MARIE.

Et une fois installé dans ce château, s'absenta-t-il ? Reçut-il quelques visites ?

LA DUCHESSE.

Tout cela a été absolument impossible à vérifier.

MARIE.

En somme il était riche.

LA DUCHESSE.

Très riche; on estime sa fortune à plus de 600,000 écus. (*Consultant de nouveau les lettres qu'elle tient à la main.*) Je vois ici un nouveau détail qui a peut-être son importance. Un attaché d'ambassade, M. de Varenne, l'a rencontré à Mayence, le 13 février 1711. C'était un de ses parents. Le marquis de Lambesse, en lui montrant un petit portefeuille vert qu'il portait toujours sur lui, dit à son jeune cousin : mon testament est là... Dans mon état de santé, il faut tout prévoir; si je meurs, ma petite Rose trouvera mes affaires en ordre.

MARIE.

Allons, je vois que le lieutenant de police s'est acquitté consciencieusement de sa mission. Pourvu que l'ambassadeur de Pologne, de son côté, ait suivi les instructions que le ministre a dû lui faire parvenir! Il n'y a pas de nouvelles?

LA DUCHESSE.

Non, madame, mais il n'y a pas à douter que M. le comte de Morville n'ait dirigé cette affaire, selon les vues de Votre Majesté, et avec l'habileté dont il a donné tant de preuves.

MARIE.

Il me semble que ma chère Rose devrait déjà être de retour... Ah! Rose, que d'événements depuis que nous nous sommes quittées. Où es-tu ? ma Rose bien-aimée... ma plus vieille et ma meilleure amie ! Rose, pourquoi n'accours-tu pas ?

SCÈNE VI

LES MÊMES, ROSE, *se montrant aux dernières paroles de Marie.*

ROSE.

Me voici, ma bonne Marie.

MARIE.

Ma petite Rose. (*Elles s'embrassent.*).

ROSE.

Je te retrouve dans des circonstances bien étranges.

MARIE, *faisant l'étonnée.*

Vraiment ?

ROSE.

En vérité. Imagine-toi que la reine de France, la reine de France en personne m'a fait enlever.

MARIE, *même jeu.*

C'est étonnant ?

ROSE.

Que peut me vouloir la reine de France ?

MARIE.

A ta place je serais joliment intriguée.

ROSE.

Si je le suis... Je me creuse la tête depuis que je suis partie de...

MARIE, *l'interrompant.*

De Pologne.

ROSE, *vivement.*

Tu savais donc que j'étais en Pologne ! Pourquoi ne m'as-tu pas écrit ?

MARIE.

Mais c'est toi qui m'as laissée sans nouvelles, malgré nos conventions...

ROSE.

Oh ! par exemple. J'ai assez pleuré de ce que toutes mes lettres sont restées sans réponse.

MARIE.

Exactement comme les miennes. Nous éclaircirons cela.

ROSE.

Mais que fais-tu ici ?

MARIE, *un peu embarrassée.*

Ce que j'y fais... Qu'y fais-tu toi-même ?

ROSE.

Je te l'ai dit, je cherche la reine, car il paraît que la reine se trouve dans notre pays. Est-ce que tu aurais été enlevée par la reine, toi aussi ?

MARIE.

Non, mais je suis plus avancée que toi... Je la connais.

ROSE.

Tu connais la reine... Alors dépeins-la-moi... Est-elle grande ?

MARIE.

Environ de ma taille.

ROSE.

Est-elle belle ?

MARIE.

Elle est de celles dont on ne dit rien... A peu près dans mon genre.

ROSE.

Est-elle bonne ?

MARIE.

Ah ! pour cela, on dit qu'elle aime bien ses amies.

ROSE.

Il me tarde de la voir.

MARIE.

Regarde-moi bien.

ROSE.

Eh bien, je te regarde.

MARIE.

Non, mais là, bien en face.

ROSE.

De tout mon cœur.

MARIE.

Cependant les courtisans prétendent que ça se reconnaît.

ROSE.

Comment ça se reconnaît... Tu serais donc... Vous seriez...

MARIE.

Pour les autres, la reine, pour toi, Marie, toujours Marie.

ROSE.

Ah ! madame, pardonnez-moi...

MARIE.

Rose embrasse-moi. (*Elles s'embrassent.*) Plus de Pologne n'est-ce pas?... plus d'exil... Nous ne nous quitterons plus.

ROSE.

Ah ! madame... ah ! ma chère Marie.

MARIE.

Hélas ! il faut revenir à la réalité... à la fête... à la foule... à la comtesse... A propos, as-tu vu la comtesse?

ROSE.

Pas encore, j'arrive et c'est par hasard que j'ai pénétré dans ce salon.

MARIE.

Comme moi... Je pense que c'est la pièce principale du château. (*Portant les yeux autour d'elle.*) Les portraits des ancêtres, sans doute. Je ne connais pas la comtesse... mais c'est bien là l'air hautain et sévère dont on m'a parlé. (*S'approchant de la table.*) Tiens une lettre ouverte... Je ne sais si je dois... mais, en vérité, je crois que cette lettre m'est destinée.

(*Parcourant la lettre.*) Mais oui... c'est un sollici- teur... Ma foi, voilà une étrange requête.

(*Lisant les dernières lignes.*) « Ah ! madame la « reine, donnez-vous le cœur de bâiller la vache à « grand'maman, et, foi de Babet, j'vous promettons « de mett', en vot' honneur, un gros cierge devant « saint Babylas, qui se trouve, comme vous savez « ben, à drète en entrant, près de la grande porte de « l'église. »

(*Parlant.*) J'aurais bien mauvaise grâce de refuser la protection de saint Babylas. (*S'adressant à la du- chesse.*) Madame la duchesse, veuillez, je vous prie, vous occuper de cette grosse affaire. Que Mlle Babet, la petite-fille de sa grand'maman et la filleule de sa marraine, reçoive aujourd'hui même cette fameuse vache, tant désirée. Allez. (*La duchesse sort.*)

SCÈNE VII

MARIE, ROSE.

MARIE, *remarquant que Rose reste immobile, les yeux fixés au fond de la pièce.*

Que contemples-tu donc ainsi, Rose ?

ROSE.

Je reconnais la place où mon père est mort.

MARIE.

Il y a quatorze ans.

ROSE.

Oui, j'avais quatre ans... Mais de tels souvenirs ne s'échappent pas de la mémoire. Je vois... comme en ce triste jour, je vois le visage vénérable de mon père... Il était là, au fond, près de la fenêtre... étendu dans ce fauteuil... ce même fauteuil ! Ses yeux affaiblis se portaient sur moi avec persistance. Sa main toute tremblante cherchait ma petite main, et de grosses larmes roulaient goutte à goutte sur sa longue barbe blanche... Son image m'apparaît comme s'il était encore là, vivant, près de nous. La comtesse se trouvait de ce côté, immobile et silencieuse; puis deux autres vieilles femmes dont je ne me rappelle pas les traits. — Adieu, ma fille, sois heureuse, aime la France... Oui, ce sont bien ses dernières paroles... Jamais elles ne m'étaient revenues comme en ce moment. Mais telle est l'impression que me produit ce salon, que je crois encore entendre : Aime la France... Ah ! oui, mon père, mon bien-aimé père; j'aime la France. De tout mon cœur et de toute mon âme, j'aime la France.

MARIE.

Ce que tu dis là, Rose, est très important; tu es sûre de ne pas te tromper?

ROSE.

Rien dans ce salon ne m'est étranger; je reconnais les portraits, les tentures, la table aussi. Sur cette

5

table, se trouvait un rosier fleuri... Oui, le jour
même de la mort de mon père, une belle rose venait
de s'entrouvrir comme pour embaumer ses derniers
instants. La rose était sa fleur de prédilection.

MARIE.

C'est Dieu qui permet que tu te souviennes!

ROSE.

Pardonnez-moi, madame... pardonne-moi, Marie,
mais j'ai hâte d'aller m'agenouiller sur sa tombe.
Lui avant tout, n'est-ce pas ?

MARIE.

Va, ma bonne Rose, et, en priant pour ton père,
n'oublie ni la reine, ni la France. J'attendrai ici l'é-
vénement, et il est probable que je ne resterai pas
inactive bien longtemps.

ROSE, *regardant par la fenêtre.*

En effet, je vois la comtesse qui se dirige de ce
côté et je m'enfuis.

MARIE.

A bientôt.

(*Rose s'incline et sort.*)

SCÈNE VIII

MARIE, LA COMTESSE.

LA COMTESSE, *arrivant.*

A qui ai-je l'honneur de parler, madame?

MARIE.

A une personne qui voudrait vous entretenir de choses importantes, madame.

LA COMTESSE.

C'est qu'en ce moment... vous savez, sans doute, que nous attendons la reine de France, de minute en minute, et c'est probablement ce qui vous a amenée vous-même dans ce château.

LA REINE.

Je puis vous assurer, madame, que nous pourrons causer tout à l'aise, sans craindre d'être dérangées par la reine.

LA COMTESSE.

Dites donc vite, madame.

MARIE.

Il s'agit d'un certain marquis de Lambesse-Morvan, que vous avez recueilli il y a quatorze ans environ.

LA COMTESSE.

C'est exact, madame; mais, vraiment, ce n'est pas l'instant de parler de cette affaire. Je me vois forcée à mon vif regret... (*Elle fait un mouvement de retraite.*)

MARIE.

Cependant ce que nous aurions dit aurait pu vous intéresser.

LA COMTESSE.

Oh! madame!

MARIE.

Vous servir même.

LA COMTESSE, *revenant*.

En quoi ?

MARIE.

Je sais que la reine elle-même prend une vive part à cet événement.

LA COMTESSE, *vivement*.

La reine, dites-vous ? Sa Majesté s'occuperait...

MARIE.

Vous voyez donc que j'avais raison d'insister tout à l'heure...

LA COMTESSE.

Où voulez-vous en venir, madame ?

MARIE.

Mon Dieu, je ne vous apprendrai pas que de bien méchants bruits ont couru à ce propos.

LA COMTESSE.

Dites d'odieuses calomnies.

MARIE.

J'aime à le croire... Le marquis avait une fille...

LA COMTESSE.

Dont l'éducation est restée complètement à ma charge; je me suis acquittée de cet acte... charitable, de manière à m'attirer l'estime et la sympathie de tous les gens de bien.

MARIE.

Je sais que vous l'avez fait élever dans un des meilleurs couvents de Wissembourg.

LA COMTESSE.

Vous le savez, madame...

MARIE, *l'interrompant.*

Je sais encore qu'à la sortie du couvent, vous l'avez envoyée fort loin d'ici, à Varsovie, je crois, où vous l'avez retenue depuis lors. Vous aviez, sans doute, des raisons bien puissantes pour la soumettre à un si rigoureux exil.

LA COMTESSE.

Mais, madame, je me demande à quel titre vous m'interrogez ?

MARIE, *avec autorité.*

Vous le saurez bientôt, madame; veuillez me répondre.

LA COMTESSE, *à part.*

Qu'est-ce que cela signifie?

MARIE.

Était-il donc nécessaire que la jeune Rose fût reléguée en Pologne ?

LA COMTESSE.

C'était la volonté expresse de son père, madame.

MARIE.

Vous m'étonnez!

LA COMTESSE.

Monsieur le marquis de Lambesse avait été obligé

de quitter la France devant l'hostilité déclarée de Mgr le duc d'Orléans. Il en avait gardé un profond ressentiment contre la cour et contre... la France.

MARIE.

On m'avait assuré le contraire.

LA COMTESSE.

On vous a trompée, madame. — Moi seule ai recueilli ses dernières paroles; c'est pour me conformer à sa suprême volonté que j'ai dû me séparer de Rose et l'installer à Varsovie, où le marquis avait séjourné jadis et où je possède moi-même quelques amis.

MARIE.

Ainsi, selon vous, M. de Lambesse serait mort en maudissant son pays.

LA COMTESSE.

Douteriez-vous de ma parole?

MARIE.

Permettez-moi de vous demander un dernier renseignement?

LA COMTESSE.

Mais, en vérité, madame, ceci passe toute mesure.

MARIE.

Je crois vous avoir dit que je ne cherchais qu'à m'éclairer.

LA COMTESSE.

Je ne suis pas d'humeur à me soumettre plus longtemps à une semblable investigation. Qui êtes-vous, d'ailleurs, pour m'interroger ainsi?

MARIE.

Qui je suis?

LA COMTESSE, *avec hauteur.*

J'ai le droit de le savoir. Qui êtes-vous?

MARIE.

La reine de France.

LA COMTESSE, *s'inclinant profondément.*

Oh! madame, est-ce possible? Veuillez m'excuser... Mais je vois qu'on m'a bien durement traitée aux yeux de Votre Majesté...

MARIE.

Je vous offre le moyen de vous justifier; veuillez donc me répondre. Le marquis n'a-t-il laissé en mourant aucune fortune, aucun titre, aucun papier?

LA COMTESSE.

Je comprends à quels horribles soupçons j'ai été exposée; mais, heureusement, j'ai pris mes précautions.

MARIE.

Vos précautions?

LA COMTESSE.

Pour confondre les imposteurs, oui, madame. Pendant les derniers instants de M. de Lambesse, je ne suis pas demeurée un instant seule avec lui.

MARIE,

En effet, on m'a parlé de deux vieilles femmes aujourd'hui disparues.

LA COMTESSE.

Il existe un témoignage autrement important. Le bailli, prévenu par mes ordres, a dressé l'inventaire de tout ce qui appartenait au marquis. Je possède un double de cette pièce.

MARIE.

J'avoue que cette circonstance m'était inconnue.

LA COMTESSE, *d'une voix émue.*

Ah ! madame, ce n'est pas assez d'avoir perdu dans M. de Lambesse, un ami respectable et dévoué, le seul parent qui me restât du côté de ma mère ; il faut encore que l'on fasse peser sur moi la plus horrible des accusations.

MARIE.

Calmez-vous, madame... la lumière se fera certainement.

LA COMTESSE.

Elle est faite, car je répète à Votre Majesté que l'acte en question, dressé au moment même où M. de Lambesse rendait le dernier soupir, contient l'énumération de tous les objets trouvés dans la chambre qu'il occupait et où il est mort.

MARIE, *vivement.*

Où il est mort, dites-vous ?

LA COMTESSE.

Sans doute, de son vivant... personne n'eût pu pénétrer dans cette chambre.

MARIE.

Il n'est donc pas mort ici, dans ce salon?

LA COMTESSE *subitement troublée.*

Mais non... pourquoi... pourquoi?

MARIE, *à part.*

Il y a ici quelque chose d'inexpliqué.

SCÈNE IX

LES MÊMES, SUZON, *arrivant doucement un gros bouquet à la main.*

SUZON.

Silence... il n'y a personne.

LA COMTESSE, *apercevant Suzon.*

Suzon, laisse-nous.

SUZON.

Ce sont les fleurs qui m'ont avertie qu'il était temps de venir...

MARIE, *reconnaissant Suzon, à part.*

Oh! mon Dieu, la folle de l'auberge des Trois-Chemins!

LA COMTESSE *s'avançant vers Suzon.*

Laisse-nous, te dis-je!

MARIE.

Non, madame, ne renvoyez pas cette pauvre femme.

5.

LA COMTESSE.

Votre Majesté ignore sans doute...

MARIE, *interrompant la comtesse.*

Qu'elle est folle, non... Mais j'ai des raisons pour m'intéresser à elle...

SUZON.

Les fleurs ont parlé... (*A Marie, d'un air mystérieux.*) La rose a fleuri.

MARIE.

Quelle rose, Suzon ?

SUZON.

La rose de Lambesse.

MARIE.

La rose de Lambesse... C'est singulier, voyons, Suzon, racontez-nous cela.

LA COMTESSE.

Votre Majesté ne peut permettre...

MARIE, *l'interrompant.*

Je vous demande pardon, j'aurai plaisir à l'entendre.

SUZON.

Ah! c'est le rosier du bon Dieu, celui-là. La dernière rose est tombée le jour de sa mort, il y a quatorze ans! Depuis ce temps, j'ai beau le soigner, l'arroser; j'ai beau prier et pleurer en le regardant... Plus de rose. Ah! j'avais bien peur de mourir avant qu'elle ne soit revenue !

MARIE.

Vous saviez donc qu'elle devait revenir ?

SUZON.

Oui, et ce jour-là, j'avais un grand devoir à remplir.

LA COMTESSE.

Mais vraiment, Votre Majesté ne peut s'arrêter à ces billevesées.

MARIE.

On dirait, comtesse, que ces billevesées vous préoccupent encore plus que moi.

LA COMTESSE.

Je réfléchis que Votre Majesté est attendue avec impatience et qu'elle ne peut, pour une folle...

MARIE, *interrompant la comtesse.*

Je suis seule juge de ce que j'ai à faire.
(*Pendant les dernières répliques, Suzon s'est mise à genoux, au fond de la pièce devant le fauteuil.*)

SUZON, *s'adressant au fauteuil.*

Monsieur le marquis, voici le bouquet que j'ai composé pour vous.. Le pavot.. sommeil... le cyprès... grand deuil... une branche d'if... tristesse... une immortelle... le ciel... et au milieu, la rose... la rose de Lambesse... puis entre les branches, sous la rose, le portefeuille vert que vous m'avez confié.

LA COMTESSE.

En vérité, madame...

MARIE, *retenant la comtesse.*

Silence, madame.

SUZON, *continuant.*

Le portefeuille... Vous vous rappelez bien... vous étiez dans ce grand fauteuil à côté de la rose, qui déjà se penchait à mesure que vous vous affaissiez vous-même. Mᵐᵉ la comtesse était sortie ; vous attendîtes un instant; puis on entendit son pas au dessus de ce salon, dans votre chambre. — Alors vous tirâtes ce portefeuille de votre grande houppelande et vous me le remîtes en disant : Cache-le Suzon, cache-le, tu le rapporteras quand le rosier fleurira... pas avant. J'ai cru d'abord que cela voulait dire : l'année prochaine... mais voilà quatorze ans que le rosier ne fleurit plus. — Hier seulement la rose a reparu... la rose rouge... la même rose.

Monsieur le marquis... voici votre portefeuille.

LA COMTESSE, *se dirigeant vers Suzon.*

Je ne puis plus longtemps laisser cette insensée...

MARIE, *l'arrêtant.*

Restez là, madame... Je comprends tout maintenant. Ce ne sont pas les fleurs... c'est Dieu lui-même qui a parlé.

LA COMTESSE.

Que pouvez-vous conclure de ces paroles sans suite et sans raison? Quel intérêt aurais-je eu?...

MARIE, *l'interrompant.*

Quel intérêt vous auriez eu, madame, à éloigner le

marquis de sa chambre, et à faire croire qu'il n'en
est pas sorti... Cela se devine... Mais, d'ailleurs, ce
portefeuille.....

LA COMTESSE.

Une idée de folle. Je n'ai jamais entendu parler de
ce portefeuille.

MARIE.

Je savais, moi, qu'il existait. Ce portefeuille contient le testament du marquis.

LA COMTESSE, *se dirigeant de nouveau vers Suzon.*

Si Votre Majesté le permet...

MARIE.

Non, madame, ce n'est ni vous, ni moi qui l'ouvri-
rons. Je vais faire appeler M. le Lieutenant de Police,
qui se trouve dans mon escorte, et que cette affaire
concerne vraisemblablement.

LA COMTESSE, *se jetant aux pieds de Marie.*

Ah! madame, pardon, pardon... Je suis, il est vrai,
une grande coupable... mais je réparerai, je vous le
jure.....

SCÈNE X
LES MÊMES, ROSE.

ROSE, *arrivant aux derniers mots de la comtesse,
à Marie.*

Ah! madame, faites grâce, je vous en prie.

MARIE.

Toi aussi, Rose?

LA COMTESSE, *se relevant.*

Que Votre Majesté épargne à ma famille, à mon nom, le déshonneur que j'ai seule mérité.

ROSE.

Que Votre Majesté songe... songe, ma bonne Marie, que, sans madame, je ne t'aurais jamais connue, jamais aimée.

MARIE, *à la comtesse.*

C'est à la sollicitation de votre victime, madame, que je consens à me taire; toutefois, je garde le portefeuille; veuillez vous occuper sans délai des restitutions dues à Mlle de Lambesse.

LA COMTESSE.

Oui, madame. (*S'avançant vers Rose.*) Mademoiselle de Lambesse, au nom de votre respectable père, je vous demande pardon.

ROSE.

En son nom, je vous l'accorde, madame.
(*La comtesse sort.*)

SCÈNE XI

MARIE, ROSE.

MARIE.

Enfin, voilà donc le premier acte de justice de mon règne.

ROSE.

Ah! madame, puisse Dieu vous récompenser en vous accordant le bonheur dont vous êtes digne!

MARIE.

Hélas ! ma chère Rose, le bonheur ne se trouve guère dans la demeure des rois.

ROSE.

J'aurais bien encore une faveur à vous demander.

MARIE.

Encore une bonne œuvre, j'en suis sûre.

ROSE.

Quelque chose comme cela. Je viens d'apercevoir ma gouvernante de Varsovie, Mlle Lodoïska, qui s'est mise sans doute à ma recherche. La pauvre vieille demoiselle va perdre beaucoup en me perdant. Je ne serai pas moi-même sans la regretter un peu... C'est une excellente fille... un peu vive peut-être, mais si dévouée, si instruite...

MARIE.

Instruite, dis-tu ? et, de plus, ma compatriote ! Justement j'ai besoin d'une lectrice. Je la nomme lectrice de la reine de France.

ROSE.

Ah ! mon Dieu, elle va en suffoquer, c'est certain. (*Regardant par la fenêtre.*) La voici.

MARIE.

Eh bien, je te laisse avec elle... Quant à moi, je marche au supplice,... c'est-à-dire au devant des discours officiels.

ROSE.

A bientôt chère, chère Marie, et mille fois merci.
(*Marie sort.*)

SCÈNE XII

ROSE, LODOISKA.

LODOISKA, *arrivant sans voir Rose.*

Je viens de faire le tour du parc... mais, bast!... rien que des allées droites... des chemins frayés... pas d'obstacles, pas de haies, pas de fossés... C'est fade... (*Apercevant Rose.*) Grand Dieu! que vois-je? Rose... Vous ici, petit démon?

ROSE.

Je quitte la reine, ma chère Lodoïska; je lui ai parlé de vous... et j'ai le plaisir de vous annoncer que vous êtes nommée...

LODOISKA, *se laissant tomber sur un siège.*

Ah! mon Dieu, voilà mes jambes parties!

ROSE.

Que vous êtes nommée lectrice de la reine de France.

LODOISKA

Est-ce possible! Rose, vous êtes un ange. (*Rose et Lodoïska se serrent les mains.*)

SCÈNE XIII *et dernière.*

LES MÊMES, BABET.

BABET, *entr'ouvrant la porte.*

Ma vache... j'ons ma vache... queu malheur! pendant que j'étions en train, que j'nons point eu l'idée de quemander l'étable et le pâturage avec!

FIN

L'HÔTEL DE LA BOULE-NOIRE

COMÉDIE EN UN ACTE, MÊLÉE DE COUPLETS

PERSONNAGES

Mme BONTEMPS, aubergiste.
CATHERINE, sa fille.
MANETTE, sa bonne.
Mme FRIPPOT, marchande à Château-Gontier.
HENRIETTE, ⎫
GABRIELLE, ⎬ jeunes pensionnaires.
UN JUGE DE PAIX.
UN GREFFIER.
UN GARDE CHAMPÊTRE.
TROIS GENDARMES[*].

[*] Ces six personnages, se tenant derrière une fenêtre et ne montrant que la tête, pourront fort bien être remplis par des jeunes filles.

L'HÔTEL DE LA BOULE-NOIRE

COMÉDIE EN UN ACTE, MÊLÉE DE COUPLETS

Le théâtre représente la chambre principale d'une auberge de village. Un grand lit *, deux fenêtres ou deux lucarnes dans le fond de la pièce. Une autre fenêtre garnie de rideaux sur le côté. Deux portes, dont l'une donne sur la rue, l'autre, à l'intérieur. Un bahut rempli de vaisselle. Quelques chaises. Deux gros jambons sont suspendus au fond du lit, comme c'est l'usage dans les campagnes.

Il est minuit environ.

SCÈNE PREMIÈRE

Mlle BONTEMPS, CATHERINE, MANETTE.

Au lever du rideau, elles essuient des verres et des assiettes.

Mme BONTEMPS.

Soixante personnes qui vous tombent sur les bras, là, au moment où l'on y pense le moins !

CATHERINE.

Soixante personnes, maman ?

Mme BONTEMPS.

Tout autant; quarante élèves, cinq maîtresses, plus les invités. A propos, Manette, as-tu été chercher la vaisselle du voisin?

MANETTE.

Oui, madame, à même qu'ils étaient en passe de se coucher. (*A part.*) Ils ont de la chance, eux !

---

* On peut se contenter de figurer le lit par des rideaux.

MME BONTEMPS.

Soixante bouches à nourrir ! Catherine, as-tu prévenu le boulanger ?

CATHERINE.

Oui, maman, nous aurons le pain chaud à cinq heures du matin.

MME BONTEMPS.

Juste pour leur arrivée. (*A Manette.*) As-tu tiré le vin ?

MANETTE.

Oui, madame.

MME BONTEMPS, *à Catherine.*

Épluché les légumes ?

CATHERINE.

Oui, maman.

MME BONTEMPS, *à Manette.*

Balayé la grange ?

MANETTE.

Oui, madame.

MME BONTEMPS, *à Catherine.*

Cueilli les cerises ?

CATHERINE.

Oui, maman.

MME BONTEMPS, *à Manette.*

Râtissé les allées ?

MANETTE.

Oui, madame.

MME BONTEMPS, *à Catherine.*

Plumé les volailles?

CATHERINE.

Oui, maman.

MME BONTEMPS, *à Manette.*

Placé les bancs?

MANETTE.

Oui, madame.

MME BONTEMPS, *à Catherine.*

Plié les serviettes?

CATHERINE.

Oui, maman.

MME BONTEMPS, *à Manette.*

Préparé les fagots?

MANETTE.

Oui, madame.

MME BONTEMPS, *à Catherine.*

Rempli les carafes?

CATHERINE.

Oui, maman.

MME BONTEMPS, *à Manette.*

Repassé les couteaux?

MANETTE.

Oui, madame.

MME BONTEMPS, *à Catherine.*

Tout est prêt?

CATHERINE.

Oui, maman.

MME BONTEMPS *à Manette*.

Rien ne manque?

MANETTE.

Non, madame.

MME BONTEMPS.

Ouf! eh bien, allez porter les verres et les assiettes de l'autre côté, avec le reste. Quelle tête il faut que j'aie! Ah! que leur donnerons-nous demain pour leur premier déjeuner? Cette jeunesse, ça mange!... ça dévore!...

CATHERINE.

Ce que tu voudras, maman.

MANETTE.

Ce qui vous fera plaisir, madame.

MME BONTEMPS.

C'est aussi mon avis... Nous leur donnerons du jambon. (*Montrant les deux jambons suspendus au fond de la salle.*) Deux bonnes tranches de jambon grillé... Le jambon, ça encourage l'appétit. Tu viendras les détacher, Catherine, au moment de les mettre sur le feu... (*Désignant l'un des jambons.*) Tu vois, tu prendras de celui-là... c'est le plus vieux, il faut qu'il soit mangé! Tu m'entends bien, Catherine,... de celui-là.

CATHERINE.

Oui, maman.

(*Catherine et Manette sortent.*)

SCÈNE II

MADAME BONTEMPS, *seule.*

(*Regardant l'heure.*) Minuit et demi. Ah ! qui m'aurait dit il y a vingt-quatre heures que nous passerions la nuit dans ce remue-ménage m'aurait bien étonnée ! Donc, ce matin, j'arrive à Château-Gontier et je porte mon lait, comme tous les jours, à la pension Flavien, vous savez bien… la pension Flavien, celle qui a une renommée à six lieues à la ronde. V'là la portière qui m'apostrophe : Mère Bontemps, Mme Flavien veut vous parler. Bigre !… que je lui réponds, est-ce que je ne lui aurais pas donné sa mesure ? Ah ! bien oui, il s'agissait bien de cela, vraiment ! Mère Bontemps, que me dit Mme Flavien, c'est demain la Saint-Jean (paraît que c'est sa fête, à cette chère madame) ; demain, à la pointe du jour, je tombe chez vous avec toutes mes élèves. — Boum ! que je lui réplique. — Il nous faudra à déjeuner et à dîner pour soixante personnes. — Sufficit, madame Flavien…— Je vous connais et compte sur vous, mère Bontemps. — Vous le pouvez, madame Flavien. — Là-dessus je lui dépêche ma révérence et je saute dans ma carriole… Et hu !… et dia ! et flic ! et flac !… trottant, criant, bouillant, v'là comme je suis depuis ce matin… C'est la vaisselle,… le couvert, le fricot, la boisson et le dessert, sans compter le coup de balai général.

(Elle chante.)

Air : *Paris à cinq heures du matin.*

Mon Dieu, quelle affaire !
Est-il, sur la terre,
Une ménagère
Dans un tel tourment ?
Du bas jusqu'au faîte,
C'est un casse-tête,
C'est une tempête,
C'est un ouragan.

D'ici je veille,
Garde et surveille.
L'œil et l'oreille
Sont ouverts à tout.
Allons, qu'on trotte,
Essuie et frotte,
Brosse et décrotte.
Qu'on passe partout !

L'étincelle brille,
Le charbon pétille,
Le saucisson grille,
Et, devant le feu,
L'eau qu'on emprisonne
Se lève et bouillonne ;
Le rôti frissonne ;
Tout va pour le mieux.

Le pot écume,
Le ragoût fume,
L'air se parfume
De fumets exquis.
Le vin s'écoule,
Le cidre coule,
Les sceaux, en foule,
Arrivent remplis.

On tue, on nettoie
Une superbe oie
Qui faisait la joie
De ma basse-cour.
La poule picotte,
Le lapin gigotte,
Le canard clapotte,
Attendant leur tour.

Voyons, Perrette,
Qu'on sale et mette
Cette andouillette
Près du fricandeau.
Et toi, Christine,
Dans la terrine,
Mets la farine
Avec un peu d'eau.

Sachant ce qu'on aime,
J'ai pétri moi-même
Un gâteau de crème
Bien épais, et pour
Lui donner tournure,
J'ai mis en bordure
De la confiture
De groseille autour.

Ciel! l'on malmène
Ma porcelaine,
Qui se promène
Là, sur le carreau.
Ce bruit de verre...
Patatras! par terre!
Ça fait la paire;
Tout est en morceau *.

Mon Dieu, quelle affaire!
Est-il sur la terre, etc., etc.

* Pendant ce couplet, on produira à droite et à gauche, un
bruit de vaisselle et de verres cassés.

SCÈNE III

Mme BONTEMPS, *puis* Mme FRIPPOT.

(On entend frapper à la porte de la rue.)

M BONTEMPS.

On frappe... on a frappé ! A cette heure, qui ça peut-il être ?

Mme FRIPPOT, *au dehors.*

Hé ! hé ! la mère Bontemps !

Mme BONTEMPS.

Cette voix, je la connais cependant... Cette voix.. à qui appartient-elle !

Mme FRIPPOT, *au dehors.*

Ouvrez-moi donc.

Mme BONTEMPS.

Cet accent ne m'est pas étranger... Je me demande... Au fait, le moyen de le savoir... c'est d'ouvrir. (*Elle va ouvrir. Apercevant Mme Frippot.*) Ah ! qui l'aurait cru ! la mère Frippot !

Mme FRIPPOT.

Vous ne m'attendiez guère, n'est-ce pas ?

Mme BONTEMPS.

En vérité, je ne pensais pas plus à vous...

Mme FRIPPOT.

Ça vous surprend... Hein ?

MME BONTEMPS.

Ça me renverse.

MME FRIPPOT.

Une vieille amie cependant.

MME BONTEMPS.

Une ancienne collègue.

MME FRIPPOT.

Les deux auvents contigus au marché de Château-Gontier.

MME BONTEMPS.

Ah ! dans ce temps-là... il y a déjà... Combien y a-t-il ?

MME FRIPPOT.

Onze ans, madame Bontemps. Vous étiez une bonne marchande.

MME BONTEMPS.

Et vous donc ? M'en avez-vous enlevé des acheteurs ?

MME FRIPPOT.

Pas autant que vous. Quand vous les appeliez avec votre voix mielleuse.

MME BONTEMPS.

On connaît vos paroles sucrées !

MME FRIPPOT.

Votre petit air malin

MME BONTEMPS.

Et vos hochements de tête...

Mᵐᵉ FRIPPOT.

Et vos roulements d'yeux.

Mᵐᵉ BONTEMPS.

Ah! ça... ce n'est pas pour me raconter cela, que vous tombez chez moi, comme une bombe, à minuit quarante.

Mᵐᵉ FRIPPOT.

Nom d'une caille! j'oubliais mes deux voyageuses.

Mᵐᵉ BONTEMPS, *se radoucissant.*

Vous dites, ma bonne amie, deux voyageuses...

Mᵐᵉ FRIPPOT.

Deux jeunes filles de la pension de Mᵐᵉ Flavien...

Mᵐᵉ BONTEMPS, *désappointée.*

Ah! ah!

Mᵐᵉ FRIPPOT.

Une de mes bonnes pratiques, Mᵐᵉ Flavien, soit dit en passant...

Mᵐᵉ BONTEMPS.

Mais... ces deux jeunes filles....

Mᵐᵉ FRIPPOT.

Échappées de leur pension... comprend-on cela... De mon temps...

Mᵐᵉ BONTEMPS.

Échappées.. et alors... pourquoi?

Mᵐᵉ FRIPPOT.

C'est vrai... je vous dois des explications... Il

paraît que leur secret a été mal gardé... Vous savez, des demoiselles!... M⁰ᵉ Flavien, qui a eu vent de la chose, a voulu leur donner une leçon, et une bonne.

MᵐᵉE BONTEMPS.

Ah! je comprends... On vous a chargée de les suivre.

Mᵐᵉ FRIPPOT.

Précisément... comme si de rien n'était. Vous m'entendez ?

Mᵐᵉ BONTEMPS.

Je m'en rapporte à vous, madame Frippot.

Mᵐᵉ FRIPPOT.

Oh ! pour ça... je ne les ai pas perdues de vue un instant, les pauvres petites. On me les avait tant recommandées ! Mais ce qu'elles ont fait de chemin ! Ce qu'elles ont pataugé !

Mᵐᵉ BONTEMPS.

Voyez-vous cela ?

Mᵐᵉ FRIPPOT.

Ce que j'ai pataugé moi-même ! J'en étais harassée... Alors...

Mᵐᵉ BONTEMPS.

Alors, vous vous êtes dévoilée ; je comprends cela.

Mᵐᵉ FRIPPOT.

Je leur ai proposé de les conduire... Elles ont accepté, comme bien vous pensez, et voilà comment, de fil en aiguille, nous sommes parvenues à l'auberge de la Boule-Noire.

6.

Mme BONTEMPS, *reprenant vivement Mme Frippot.*

Dites l'hôtel, Madame Frippot (*Avec emphase*) L'hôtel de la Boule-Noire. Mais, où avez-vous laissé vos deux voyageuses?

Mme FRIPPOT.

Ici près, dans votre cour, près du feu... Ah ! elles se chauffent de bon cœur, je vous en réponds.

Mme BONTEMPS.

Et qu'est-ce que nous allons en faire?

Mme FRIPPOT.

Ah ! voilà. Il faudrait continuer la plaisanterie... les traiter en grandes dames, en princesses. C'est encore la consigne...

Mme BONTEMPS.

Je saisis... Comptez sur moi.

Mme FRIPPOT, *regardant du côté de la porte extérieure.*

Elles viennent par ici. En avant la présentation. Vous allez voir ça.

Mme BONTEMPS.

Je m'apprête à vous donner la réplique.

Mme FRIPPOT.

Comme au marché de Château-Gontier alors?

Mme BONTEMPS.

Vous l'avez dit... On va s'amuser...

MME FRIPPOT.

Tenons-nous, les voici !

(*Mme Bontemps et Mme Frippot donnent un petit coup
de main à leur toilette et prennent leurs plus
grands airs.*)

SCÈNE IV

MME BONTEMPS, MME FRIPPOT, HENRIETTE,
GABRIELLE.

MME FRIPPOT, *à Henriette et à Gabrielle qui entrent.*

Par ici... par ici, mesdames.

MME BONTEMPS.

Donnez-vous donc la peine d'entrer, mesdames.
(*Elle fait un grand salut.*) J'ai l'avantage de vous
saluer.

MME FRIPPOT, *désignant Henriette et Gabrielle.*

Madame Bontemps, je vous présente deux jeunes
étrangères...

MME BONTEMPS, *saluant.*

C'est bien de l'honneur pour moi.

MME FRIPPOT, *continuant.*

Qui ont entendu parler de l'hospitalité fameuse
qu'on reçoit à l'hôtel de la Boule-Noire...

MME BONTEMPS.

En effet, ma maison a une certaine réputation sur
le continent.

MME FRIPPOT.

Vous voulez dire dans les cinq parties du monde, madame Bontemps.

MME BONTEMPS.

Bien obligée, chère madame... En effet, nous recevons beaucoup d'étrangers illustres... Dernièrement encore... le roi de Maroc...

HENRIETTE, *étonnée*.

Le roi de Maroc !

MME FRIPPOT.

Ah ! ça a fait assez de bruit dans le pays...

GABRIELLE, *répétant*.

Le roi de Maroc !

MME FRIPPOT.

Venu avec sa famille, ses ministres et tout son conseil pour manger une de ces succulentes omelettes au lard dont madame Bontemps possède seule le secret.

MME BONTEMPS.

Je m'en flatte... Ces dames sont étrangères, on le voit.

MME FRIPPOT.

On ne peut rien vous cacher; ces dames sont de jeunes ladys anglaises, voyageant pour leur agrément personnel et particulier.

GABRIELLE, *à part à Henriette*.

Qu'est-ce qu'elle dit donc ?

HENRIETTE, *à part à Gabrielle.*

Anglaises soit! Au moins on ne nous reconnaîtra pas.

GABRIELLE, *à part à Henriette.*

Et, grâce aux quelques mots anglais que nous savons. Will you speak english with me.

HENRIETTE, *à part à Gabrielle.*

A will — vere well..

MME BONTEMPS.

D'ailleurs on ne me trompe pas... Vous comprenez, l'habitude de l'étranger.

MME FRIPPOT.

Et puis, rien qu'à envisager ces dames.....

MME BONTEMPS.

On devine tout de suite, à qui on a affaire, car,

(*Elle chante.*)
Air : *De Lantara.*

C'est la grâce et la bonne mine,
Le genre et la distinction
Qui partout font que l'on devine
Les nobles dames d'Albion.
En vous voyant ici paraître,
Comment aurions-nous hésité
Tout aussitôt à reconnaître
(*Saluant.*)
Deux Anglaises de qualité.

HENRIETTE. (*Elle chante.*)

Le compliment est agréable,
Fort agréable en vérité;
Il est le signe indiscutable
D'une haute sagacité.
Puisqu'ici vous voyez paraître,
La plus noble société,
Vous devez bien vous y connaître
    (*Saluant.*)
En Anglaises de qualité.

MME FRIPPOT. (*Elle chante.*) *A part.*

Vraiment vous nous la baillez belle.
Pour tomber dans tous ces godants,
Il ne faudrait pas qu'on s'appelle
La mèr' Frippot!

MME BONTEMPS (*continuant le couplet*), *à part.*

La mèr' Bontemps.
Entendez-vous ces demoiselles?
Faudrait avoir l'esprit hanté,
Pour voir en ces deux péronnelles,
Deux Anglaises de qualité.

GABRIELLE (*elle chante*), *à part.*

Leur erreur est singulière,
Restons Anglaises, s'il le faut,
Et prenons garde en cette affaire
De nous trahir par un seul mot.

HENRIETTE ET GABRIELLE, *ensemble et à part.*

Il faut penser que ces deux femmes
Perdent la tête, en vérité,
Pour voir en nous deux nobles dames,
Deux Anglaises de qualité.

Mᵐᵉ BONTEMPS.

Moi, j'aime les Anglaises !

Mᵐᵉ FRIPPOT.

Moi, tout de même,

Mᵐᵉ BONTEMPS.

D'abord, parce qu'elles ne regardent jamais à la dépense.

HENRIETTE, *à part.*

Ah ! mon Dieu...

Mᵐᵉ FRIPPOT.

Et qu'elles sont généreuses... oh ! mais généreuses...

GABRIELLE, *à part.*

Il ne manquait plus que cela.

Mᵐᵉ BONTEMPS.

Sans doute, ces dames sont fatiguées ?

Mᵐᵉ FRIPPOT.

Certainement... des Anglaises ! ça voyage tant ! Si vous vous occupiez de leur appartement.

Mᵐᵉ BONTEMPS.

Malheureusement, ma maison est bondée ! Toutes les chambres sont retenues depuis huit jours par deux nababs américains et trois ambassadeurs japonais... Je ne possède plus qu'un seul lit.... et encore... (*Désignant le lit au fond de la pièce.*) C'est celui-ci... Je n'ose vraiment... Ces dames me paraissent si bien...

HENRIETTE, *vivement*.

Mais si,... madame,... mais si... Nous nous en contenterons.

GABRIELLE.

Yes! we are very satisfied.

Mme FRIPPOT.

Ah! on a bien raison de dire que les grandes dames sont toujours les plus simples.

Mme BONTEMPS.

Ces dames ont-elles besoin de se restaurer?

HENRIETTE.

Oh no! mistress! A thank you... Nous sommes très fatiguées.

GABRIELLE.

Nous nous coucherions volontiers...

Mme BONTEMPS.

Eh bien, nous allons laisser ces dames; moi, je retourne à mes fourneaux, car à l'hôtel de la Boule-Noire, on ne se repose jamais... (*Saluant.*) J'ai bien l'honneur de vous saluer, miladys.

Mme FRIPPOT.

Miladys, nous vous la souhaitons bonne et tranquille.

Mme BONTEMPS, *adresse un coup d'œil d'intelligence à Mme Frippot.*

(*Aux deux jeunes filles.*) Surtout n'allez pas avoir peur?

MME FRIPPOT, *de même.*

Votre fenêtre est-elle bien fermée, au moins?... parce que...

HENRIETTE ET GABRIELLE, *effrayées.*

Parce que... quoi?

MME BONTEMPS.

Dame! on ne sait pas; il fait si noir!

MME FRIPPOT.

Et puis, le voisinage de la forêt...

HENRIETTE.

Ah! il y a une forêt?

GABRIELLE.

Dans le voisinage?

MME BONTEMPS.

Là, sous vos fenêtres... On prétend même que des brigands... mais il ne faut pas croire tout ce qu'on dit.

MME FRIPPOT.

On a été jusqu'à raconter qu'un assassinat... mais, il ne faut pas s'en rapporter à tout le monde.

HENRIETTE, *de plus en plus effrayée, à Gabrielle,*

Des brigands!

GABRIELLE, *de même à Henriette.*

Un assassinat!

MME BONTEMPS.

Allons, bien le bonsoir, mesdames.

Mᵐᵉ FRIPPOT.

Dormez en paix, miladys.

SCÈNE VI

HENRIETTE, GABRIELLE.

HENRIETTE, *se laissant tomber sur une chaise.*

Ah ! mon Dieu !

GABRIELLE, *même jeu.*

Seigneur !

HENRIETTE,

Que d'émotions !

GABRIELLE.

Quelle frayeur !

HENRIETTE.

Et quelle fatigue !

GABRIELLE.

Ouf ! je n'ai plus de jambes.

HENRIETTE.

J'ai cru que je n'arriverais jamais.

GABRIELLE.

Ah ! nous nous rappellerons ce maudit voyage !

HENRIETTE.

Oui. Notre course à travers la ville, par exemple !

GABRIELLE.

Où nous nous sommes perdues trois ou quatre fois!

HENRIETTE.

Enfin nous arrivons dans les champs.

GABRIELLE.

Nous traversons une route, puis une prairie... Au bout de la prairie, un bois... un grand vilain bois... Oh ! brrrrr....

HENRIETTE.

Une première émotion nous attendait là...

(*Elle chante.*)

AIR : *Une jeune fille avait un père.*

Tout près la forêt balance
Ses grands arbres dans la nuit.
Tout à coup une ombre blanche
Sort de c sombre réduit.
Dans le gazon, sans aucun bruit
Voilà cette ombre qui s'avance!
Au bout de ce fantôme blanc,
Brillent deux yeux, tout pleins de sang.
Voyons-nous un esprit malin?
Est-ce un spectre, ou bien un lutin?
Mais non, c'est un petit lapin.

GABRIELLE.

Tout était noir autour de nous.

HENRIETTE.

Nous cherchons à nous reconnaître.

GABRIELLE.

Enfin, après bien des peines et des pas...

HENRIETTE.

Nous découvrons une route, mais sur cette route une affreuse apparition se dresse devant nous...

(*Elle chante.*)

Au lointain un spectre immense
Pourvu de quatre grands bras
Devant nous s'agite et danse
Fendant l'air avec fracas.
De bas en haut, de haut en bas,
Effroyable est son apparence!
Ce noir titan est revêtu
D'un énorme chapeau pointu.
Quel est donc cet être ambulant?
Est-ce un monstre? est-ce un géant?
Eh non, c'est un moulin à vent!

GABRIELLE.

Ce vilain moulin à vent nous a-t-il assez fait peur? Nous continuons notre chemin, et nous marchons, nous marchons:..

HENRIETTE.

Tant que nous avons de forces.

GABRIELLE.

Nous nous croyions arrivées à la fin du monde.

HENRIETTE.

Pour le moins...quand nous rencontrons une petite rivière.

GABRIELLE.

Qui coulait doucement au clair de lune, sur de jolis cailloux blancs. C'était très-gentil.

HENRIETTE.

Mais sur l'herbe... quelque chose s'agite.

GABRIELLE.

Nous recommençons à trembler.

HENRIETTE.

Nous approchons.

GABRIELLE.

Pas à pas, par exemple...

(Elle chante.)

Étendu sur cette rive,
Nous distinguons un enfant
Dont la voix douce et plaintive
Arrive à nous tristement.
A notre aspect, il se ravive,
De notre argent, de notre pain
Nous faisons deux parts et soudain,
La joie en ses yeux se montra;
Puis alerte, il se retira
En criant : Dieu vous le rendra.

HENRIETTE.

On a bien raison de dire qu'une bonne action porte bonheur.

GABRIELLE.

Oui, car aussitôt après nous rencontrons cette brave femme.

HENRIETTE.

Qui nous a conduites jusqu'ici.

GABRIELLE.

Mortes de froid.

HENRIETTE.

Et de faim... Oh! si j'avais osé!

GABRIELLLE.

C'est comme moi. (*Tirant un porte-monnaie de sa poche.*) Mais hélas! toute notre fortune! quatorze sous!

HENRIETTE.

Comment ferons-nous demain quand on nous présentera la note?

GABRIELLE.

On nous prendra pour des voleuses! C'est bien certain.

HENRIETTE, *avec un mouvement de retraite.*

Ah! si nous ponvions nous en aller!

GABRIELLE.

Oui, mais par où?

HENRIETTE.

Par la fenêtre.

GABRIELLE

Tu n'y songes pas, la forêt... les brigands... l'assassinat!

HENRIETTE

Gabrielle, tu m'effrayes... sommes-nous même certaines d'être en sûreté ici?

GABRIELLE.

Il est de fait que cette maison est bien isolée.

HENRIETTE.

Tu m'y fais penser... Ces deux femmes avec leurs compliments, avaient un air des plus singuliers.

GABRIELLE.

Effectivement, je les ai aperçues qui riaient sous cape.

HENRIETTE.

Et qui se faisaient des signes.

GABRIELLE.

Ecoute... on parle derrière cette porte.

HENRIETTE, *qui est plus près de la porte, prêtant l'oreille.*

Oui, on chuchote... (*Elle se rapproche peu à peu et applique l'oreille contre la porte.*) J'entends deux voix...

GABRIELLE.

Que disent-elles?

HENRIETTE.

Il y en a une qui dit à l'autre : est-il temps d'entrer?

GABRIELLE, *répétant les paroles d'Henriette avec un effroi de plus en plus marqué.*

Est-il temps d'entrer!

HENRIETTE.

L'autre lui répond : Attends qu'elles soient bien endormies.

GABRIELLE, *même jeu.*

Attends qu'elles soient bien endormies !

HENRIETTE.

La première voix reprend : Ce sera fait sans qu'elles s'en aperçoivent.

GABRIELLE, *même jeu.*

Sans qu'elles s'en aperçoivent !!!

HENRIETTE.

La seconde ajoute : En attendant, aiguisons toujours le couteau.

GABRIELLE.

Le couteau, le couteau... Ah ! mon Dieu !

HENRIETTE, *revenant vers Gabrielle.*

Plus de doute, n'est ce pas ?

GABRIELLE.

Il s'agit de nous, c'est évident.

(*Henriette et Gabrielle changent de place, de manière à ce que la seconde se trouve, à son tour, plus rapprochée de la porte.*)

GABRIELLE.

Infortunée Henriette !

HENRIETTE.

Malheureuse Gabrielle !

GABRIELLE.

Je vais les regarder par le trou de la serrure.
(*Elle applique l'œil contre la serrure.*)

HENRIETTE.

Que vois-tu ?

GABRIELLE.

Chut ! elles écoutent.

HENRIETTE, *répétant au fur et à mesure les paroles de
Gabrielle, même jeu que précédemment.*

Elles écoutent...

GABRIELLE.

Ah ! le vilain couteau !... un couteau (*faisant un
geste avec la main*) long comme cela !

HENRIETTE, *même geste.*

Long comme cela !

GABRIELLE.

Et les horribles figures... la plus grande, une
rouge, avec un air sauvage et des dents qui n'en finis-
sent pas. La petite, une mine en dessous avec un nez
pointu et des yeux féroces !

HENRIETTE.

Des yeux féroces !

GABRIELLE, *écoutant.*

La grande parle : Ça ne sera pas long.

7.

HENRIETTE.

Ça ne sera pas long!

GABRIELLE.

Ciel! les voilà qui s'avancent sur la pointe des pieds.

HENRIETTE.

Ma petite Gabrielle!

GABRIELLE.

Ma chère petite Henriette!

HENRIETTE.

Il ne nous reste plus qu'à recommander notre âme à Dieu.

GABRIELLE.

J'y pensais.

HENRIETTE.

Et à nous cacher.

GABRIELLE.

Où?

HENRIETTE.

C'est vrai, où?

(*Elles regardent autour d'elles.*)

GABRIELLE, *désignant la fenêtre dont les rideaux sont baissés.*

Derrière ces rideaux?

HENRIETTE.

C'est une idée... ma bonne petite Gabrielle.

GABRIELLE.

Ma petite Henriette chérie !

HENRIETTE, *tombant dans les bras de Gabrielle.*

Embrassons-nous pour la dernière fois.

GABRIELLE.

Avant de mourir.

(*Elles se cachent derrière les rideaux.*)

SCÈNE VII

HENRIETTE, GABRIELLE (*cachées*), MANETTE, *tenant un grand couteau,* CATHERINE, *la suivant avec une lanterne sourde. Ces deux dernières marchent sur la pointe des pieds.*

CATHERINE, *à Manette.*

Tu vas trop vite.

MANETTE, *à Catherine.*

Tu parles trop fort.

CATHERINE, *prêtant l'oreille.*

N'entends-tu rien ?

MANETTE.

Non, tout dort.

CATHERINE.

Ça ne fait rien, je tremble.

MANETTE.

Moi, aussi.

HENRIETTE, *écartant le rideau.*

Moi aussi.

GABRIELLE, *même jeu.*

Moi aussi.

CATHERINE ET MANETTE.

Elles chantent.

Air : *La Lune brille*, des *Deux Aveugles*, d'Offenbach.

1er COUPLET.

Je tremble, écoute...
Ah ! plus de doute !
Plus une goutte
De sang chez moi.

HENRIETTE ET GABRIELLE, *soulevant les rideaux.*

Dieu ! l'on s'avance.
Terreur immense !
Faisons silence.
Ah ! quel émoi !

REFRAIN.

HENRIETTE ET GABRIELLE.

Je tremble, hélas ! quelle frayeur !

CATHERINE ET MANETTE.

Je perds la tête, ah ! quelle peur !
Est-ce fini ? ni ni ni ni.

HENRIETTE ET GABRIELLE.

Tout est fini, ni ni ni ni.

CATHERINE, MANETTE, HENRIETTE ET GABRIELLE.

Dereding, ding, dereding, ding, dereding, ding,
Dereding, ding, ding, ding, ding, etc. *

2e COUPLET.

CATHERINE ET MANETTE.

Quel parti prendre?
Pour le dépendre,
Faut-il attendre?
Quittons ce lieu.

HENRIETTE ET GABRIELLE.

Quel parti prendre?
Il faut s'attendre,
A tout et rendre
Notre âme à Dieu.

REFRAIN.

CATHERINE ET MANETTE.

Je tremble, hélas! Ah! quelle peur!

HENRIETTE ET GABRIELLE.

Je perds la tête; quelle frayeur!

CATHERINE ET MANETTE.

Est-ce fini? ni ni ni ni.

HENRIETTE ET GABRIELLE.

Tout est fini, ni ni ni ni.

CATHERINE, MANETTE, HENRIETTE ET GABRIELLE.

Dereding, ding, dereding, ding, dereding, ding,
Dereding, ding, ding, ding, ding, etc.

* Cet air demande à être chanté en sourdine; pendant le refrain dereding, ding, dereding, ding, ding, les quatre personnages se mettront à trembler.

MANETTE, *se dirigeant vers le lit.*

Allons-y.

CATHERINE.

Allons-y.

HENRIETTE.

Oh ! les coquines !

GABRIELLE.

Les misérables !

CATHERINE, *s'arrêtant.*

On a parlé ?

MANETTE.

C'est l'oreille qui te tinte.

CATHERINE.

Prends bien garde, Manette.

MANETTE, *arrivant près du lit et brandissant le couteau.*

A droite ou à gauche ?

CATHERINE.

Maman a dit : à droite.

HENRIETTE, *qui a entendu, écartant le rideau.*

Comment! la mère aussi !

GABRIELLE, *même jeu.*

C'est un repaire d'assassins.

MANETTE, *à Catherine.*

Donne-moi une chaise.

CATHERINE, *avançant doucement une chaise.*

Surtout tranche bien droit.

HENRIETTE, *écartant le rideau.*

Tranche bien droit... C'est horrible !

GABRIELLE, *même jeu.*

Nous n'y échapperons pas.

MANETTE.

Sois tranquille. (*Elle renverse violemment la chaise.*)
*A ce moment Catherine et Manette se rejettent en
arrière. Henriette et Gabrielle jettent un grand cri.*

CATHERINE ET MANETTE, *entendant le cri.*

Qu'y a-t-il ? quoi ? Qu'y a-t-il ? Oh ! là, là...

HENRIETTE, *se décachant.*

Grâce, mesdames.

GABRIELLE, *même jeu.*

Grâce, par pitié faites nous grâce.

CATHERINE ET MANETTE.

Les deux Anglaises !

HENRIETTE.

Ayez compassion de nous.

GABRIELLE.

Ne nous faites pas de mal.

CATHERINE.

Que disent-elles ?

MANETTE.

A qui en veulent-elles ?

HENRIETTE, *tendant son porte-monnaie.*

Tout ce que nous possédons...

GABRIELLE.

Quatorze sous !

CATHERINE.

Comment ? quatorze sous.

MANETTE.

Quatorze sous ! c'est peu.

HENRIETTE.

Vous ne nous croyez pas ?

GABRIELLE.

Fouillez-nous si vous le voulez.

CATHERINE.

Vous fouiller, (*A part, à Manette.*) Elles sont folles !

MANETTE, *à part, à Catherine.*

Elles ont un brin, c'est sûr.

HENRIETTE, *à part, à Gabrielle.*

On dirait qu'elles hésitent.

GABRIELLE, *à part, à Henriette.*

Elles se consultent.

MANETTE.

Faut en finir. (*Gesticulant avec son couteau à la main.*) Ah ça nous direz-vous... (*Henriette et Gabrielle se jettent à genoux.*)

HENRIETTE.

Par grâce, accordez-nous la vie.

GABRIELLE.

Ah! mon Dieu! mourir si jeunes!

HENRIETTE.

Sans seulement embrasser nos mamans.

MANETTE.

Et qui vous empêche d'embrasser vos mamans et même vos papas, si ça vous fait plaisir?

CATHERINE.

Qui vous parle de mourir?

HENRIETTE.

Vous ne voulez donc pas nous massacrer?

CATHERINE.

Vous massacrer, pourquoi faire?

MANETTE.

Par ma fine! j'nons jamais massacré que des oies ou des dindons!

HENRIETTE.

Mais... ce couteau?

GABRIELLE.

Cet affreux couteau...

CATHERINE.

Pour couper une tranche de jambon.

MANETTE, *indiquant le lit.*

Là, au-dessus de votre lit...

HENRIETTE.

Et puis, vous marchiez à si petits pas...

CATHERINE.

Nous avions peur de vous réveiller...

MANETTE.

Damo! des demoiselles de la ville, ça a le sommeil
si fin!

HENRIETTE.

Ah! nous avons eu une fièvre peur!

GABRIELLE.

Je tremble encore de tous mes membres...

CATHERINE.

Nous n'étions pas trop rassurées non plus.

MANETTE.

Par ma feinte, j'étions transies tout d'même.

CATHERINE.

Mais, maintenant, c'est fini, n'est-ce pas?

MANETTE.

C'est-y-fini ?

HENRIETTE.

Bien fini.

GABRIELLE.

Tout à fait fini.

*(A ce moment la porte intérieure s'ouvre. M*ᵐᵉ* Bontemps et M*ᵐᵉ* Frippot apparaissent en tenant chacune,
un bougeoir à la main.)*

SCÈNE VIII

LES MÊMES, Mᵐᵉ BONTEMPS, Mᵐᵉ FRIPPOT.

Mᵐᵉ BONTEMPS, *qui a entendu les paroles de Gabrielle.*

Pas encore.

Mᵐᵉ FRIPPOT.

Pas encore.

HENRIETTE.

Pas encore ?

GABRIELLE.

Qu'y a-t-il, grand Dieu ?

Mᵐᵉ BONTEMPS.

Il y a, mesdemoiselles, que vous êtes de petites
malheureuses, d'abominables vagabondes.

HENRIETTE.

Ah ! mon Dieu !

GABRIELLE.

Comment cela ?

MME BONTEMPS.

Nous en apprenons de belles sur votre compte. Ah ! vous vous faites passer pour des grandes dames, pour des étrangères de qualité !

MME FRIPPOT.

Et des Anglaises encore !

HENRIETTE.

Mais ce n'est pas nous...

GABRIELLE.

Vous le savez bien, c'est vous qui...

MME BONTEMPS.

Voyez-vous ces dames avec leurs belles manières !

MME FRIPPOT.

Hum ! Des faiseuses d'embarras.

MME BONTEMPS.

Ça dit de grands mots... ça prend des airs super-bes... On croit que c'est riche...

MME FRIPPOT.

Et ça possède quatorze sous !

HENRIETTE.

Comment, vous savez..?

MME BONTEMPS.

Nous savons tout... Nous savons de plus que la police est à vos trousses.

HENRIETTE.

Juste ciel !

GABRIELLE.

Nous sommes perdues !

Mme BONTEMPS.

Avez-vous des papiers ?

Mme FRIPPOT.

Oui, où sont vos passe-ports ?

HENRIETTE.

Madame, nous allons tout vous dire.

GABRIELLE.

Aussi bien, je commence à en avoir assez.

Mme BONTEMPS.

Des mensonges, sans doute ! Non, mesdemoiselles, ce n'est pas à moi qu'il faut vous adresser, mais à M. le juge de paix, que j'ai fait prévenir.

HENRIETTE.

Serait-il possible ! le juge de paix !

GABRIELLE.

Le juge de paix !... Je ne sais pas bien au juste ce que c'est... mais je frissonne !

Mme BONTEMPS.

Accompagné du greffier et du garde champêtre.

HENRIETTE.

Le greffier !...

GABRIELLE.

Le garde champêtre !

HENRIETTE ET GABRIELLE, *tremblant.*

Oh! ia ia! ia! ia! ia! ia!

Mme BONTEMPS.

Les voilà. . attention.

HENRIETTE.

Je me sens mal.

GABRIELLE.

Je ne me trouve pas bien.

Mme FRIPPOT.

Jeunes filles, silence devant l'autorité !

(Une des fenêtres du fond s'ouvre avec fracas et on aperçoit les trois têtes du juge de paix, du greffier et du garde champêtre.)*

LE JUGE DE PAIX, LE GREFFIER ET LE GARDE CHAMPÊTRE.
Ils chantent.

AIR : *Un jour, maître corbeau...*

LE JUGE DE PAIX.

Je suis juge de paix de cet heureux quartier.

LE GARDE CHAMPÊTRE.

Je suis garde champêtre.

---

* Nous répétons que les deux fenêtres doivent être disposées de manière à ce qu'on ne voie que le haut du corps des personnages qui y apparaissent.

LE GREFFIER.

Et moi, je suis greffier.

TOUS LES TROIS.

Nous faisons rude guerre au voleur, au gibier,
L'on crie en nous voyant : Les v'là, faut se méfier.

Refrain.

Apprenez ça.

HENRIETTE et GABRIELLE, *continuant le refrain.*

Ah ! la la.

LE JUGE DE PAIX, LE GREFFIER ET LE GARDE CHAMPÊTRE,
même jeu.

Apprenez ça

HENRIETTE ET GABRIELLE, *même jeu.*

Oh ! la la, la la la la, la la la la la.

LE JUGE DE PAIX, *avec une voix grave.*

Coupables, apppochez.

(Henriette et Gabrielle se reculent vivement.)

LE JUGE DE PAIX.

Voilà bien les criminels qui s'éloignent toujours de
la justice... *(Se tournant vers le greffier.)* Alors, prévenez les gendarmes.

LE GREFFIER, *se tournant vers le garde champêtre.*

A-t-on prévenu les gendarmes ?

LE GARDE CHAMPÊTRE.

On a prévenu les gendarmes.

MME BONTEMPS ET MME FRIPPOT, *levant les mains au ciel.*

Les gendarmes !

HENRIETTE ET GABRIELLE, *attérrées.*

Les gendarmes !
*(La deuxième fenêtre s'ouvre violemment et l'on
aperçoit trois têtes de gendarmes.)*

LES TROIS GENDARMES.
(Ils chantent.)

AIR : *Quand un gendarme rit.*
Quand la gendarmerie
Soutien de la patrie
Parait... chacun s'écrie
Il ne faut pas qu'on rie ! *

LE JUGE DE PAIX.

Gendarmes, vos fusils et vos sabres sont-ils en état?

HENRIETTE.

Des sabres !
GABRIELLE.

Des fusils !

HENRIETTE ET GABRIELLE.

Oh ! ia, ia ! ia ! ia ! ia !

LE JUGE DE PAIX, *aux gendarmes.*

Tenez-vous prêts à saisir les deux accusées...

---

* Il est bien entendu que les trois gendarmes, comme le juge de
paix et ses deux assesseurs, parlent et chantent de la coulisse et
sans quitter leurs fenêtres.

HENRIETTE ET GABRIELLE, *tombant à genoux.*

Faites-nous grâce, monsieur le juge de paix.

LE JUGE DE PAIX.

Ah! vous demandez grâce.

HENRIETTE.

Grâce, grâce, et nous allons vous avouer...

LE JUGE DE PAIX, *interrompant Henriette.*

M'avouer, c'est inutile...

HENRIETTE.

Comment, inutile?

LE JUGE DE PAIX,

Nous savons tout.

GABRIELLE.

Serait-il possible?

LE JUGE DE PAIX, LE GREFFIER, LE GARDE CHAMPÊTRE.

(*Ils chantent.*)

Air : *Quand la gendarmerie.*

Rien qu'à la contenance.
Au langage... au silence,
Un magistrat d'avance.
Connaît tout ce qu'on pense.

HENRIETTE, *toujours à genoux.*

Ah ! laissez-nous partir.

GABRIELLE,

Rendez-nous la liberté!

(*Elles regardent la porte.*)

8

LE JUGE DE PAIX.

N'essayez pas de fuir, ou sinon... je mets la gendarmerie à vos trousses.

LES TROIS GENDARMES.

(*Ils chantent.*)

Air : *Un jour, maître corbeau.*

Fussiez-vous la gazelle ou bien le papillon,
A cheval, en voiture, en wagon, en ballon,
Le gendarme, toujours armé de son tromblon,
Saura vous rattraper pour vous mettre au violon.

(*Refrain.*)

Retenez ça.

HENRIETTE ET GABRIELLE, *continuant le refrain.*

Oh ! la la.

LES TROIS GENDARMES.

Retenez ça.

HENRIETTE ET GABRIELLE, *même jeu.*

Oh ! la la... la la la la, la la la la la.

HENRIETTE.

Monsieur le juge de paix, pardonnez-nous ; nous ne le ferons plus.

LE JUGE DE PAIX.

Tous les fripons en disent autant.

HENRIETTE.

Nous serons bien sages.

GABRIELLE.

Bien obéissantes.

HENRIETTE.

Bien studieuses.

GABRIELLE, *à mi-voix.*

Et nous ne nous sauverons plus jamais de la pension.

LE JUGE DE PAIX.

Mais, qui m'assure que vous dites la vérité?

HENRIETTE.

Oh! nous sommes bien punies, allez.

GABRIELLE.

Si on m'y reprend jamais!

LE JUGE DE PAIX.

Songez, mesdemoiselles, que vous parlez à la justice... Ainsi vous me promettez...

HENRIETTE ET GABRIELLE, *vivement.*

De ne jamais plus recommencer.

LE JUGE DE PAIX.

Je ne devrais pas me laisser attendrir. (*Se tournant vers le greffier.*) Qu'en dites-vous, M. le greffier?

LE GREFFIER.

Mon sentiment sera celui de M. le garde champêtre.

LE GARDE CHAMPÊTRE.

Je pense absolument comme M. le greffier.

LE JUGE DE PAIX.

Affaire arrangée. Jeunes filles, on vous pardonne.

HENRIETTE.

Mais... Mᵐᵉ Flavien?

GABRIELLE.

Oui, la bonne Mᵐᵉ Flavien.?

LE JUGE DE PAIX.

Elle vous pardonne aussi.... et même elle vous attend avec toutes vos compagnes.

HENRIETTE.

A la pension?

LE JUGE DE PAIX.

Non, ici.

LES TROIS GENDARMES.

Ici.

HENRIETTE ET GABRIELLE.

Ici?

(*Le juge de paix, le greffier, le garde champêtre et les trois gendarmes enlèvent leurs perruques, leurs coiffures et se mettent à rire aux éclats.*)

HENRIETTE, *reconnaissant ses camarades.*

Ah! Claire, Cécile, Marguerite.

GABRIELLE, *même jeu.*

Et Virginie en gendarme!

LE JUGE DE PAIX.

Nous-mêmes, qui sommes venues en avant, pour remplir nos rôles. Les avons-nous bien joués?

HENRIETTE.

Trop bien.

GABRIELLE.

Hélas !

LE JUGE DE PAIX.

Et qui avons obtenu votre grâce.

HENRIETTE.

Oh ! merci.

LE JUGE DE PAIX.

Mais à la condition que vous réparerez le passé.

HENRIETTE ET GABRIELLE, *vivement.*

Nous l'avons promis.

HENRIETTE, *avec emphase indiquant le juge de paix.*

A M. le juge de paix.

GABRIELLE, *même jeu.*

Et à MM. les gendarmes.

LE JUGE DE PAIX.

Ah ! il vous reste bien encore une grâce à demander.

HENRIETTE ET GABRIELLE.

Encore une?

LE JUGE DE PAIX, *désignant le public.*

A ces jeunes personnes qui vous écoutent et auxquelles vous avez donné un si fâcheux exemple.

HENRIETTE.

Je vais essayer...

(*Elle chante.*)

AIR : *Je loge au quatrième étage...*

Notre grâce, dit-on, doit être
Écrite au fond de votre main.
Pour l'en sortir, il faut peut-être
Frapper bien fort, en vrai Romain.
Souvent une simple parole
A converti de plus mauvais.
D'un seul geste accordez l'obole;
Nous ne pécherons plus jamais (*bis*).

FIN

ON A SOUVENT BESOIN

D'UN PLUS PETIT QUE SOI

COMÉDIE EN UN ACTE, MÊLÉE DE COUPLETS

PERSONNAGES

JULIENNE, \
PAULINE, } *jeunes pensionnaires.*

Le théâtre représente une classe ou un cabinet de travail quelconque. Deux tables, une à droite, l'autre à gauche, chargées de livres, de cahiers et de tout ce qu'il faut pour écrire.

ON A SOUVENT BESOIN

D'UN PLUS PETIT QUE SOI

COMÉDIE EN UN ACTE, MÊLÉE DE COUPLETS.

SCÈNE PREMIÈRE

PAULINE, JULIENNE.

PAULINE, *assise à une table et répétant sa leçon.*

Il faut, autant qu'on peut, obliger tout le monde.
On a souvent besoin...
On a souvent besoin...

(*Parlant.*) Mon Dieu, que c'est assujettissant d'apprendre des vers !

JULIENNE.

Et d'en faire donc !

PAULINE.

Tu fais des vers ?

JULIENNE

Un nouvel exercice, inventé pour stimuler l'imagination des élèves. On nous dicte quelques vers sur un sujet quelconque. Il reste encore deux vers à composer pour compléter le morceau... Deux rimes à chercher... Il faut que nous les trouvions. Enfin, un rébus, ou plus simplement, une torture !

PAULINE.

Au moins, ce sont des vers qui vous appartiennent ceux-là. Tandis qu'apprendre ceux des autres...

JULIENNE, *regardant son cahier.*

J'ai beau chercher, je ne trouve rien.

PAULINE, *regardant son livre et récitant sa leçon
à mi-voix.*

Cependant, il advint qu'au détour des forêts
Ce lion fut pris dans les... dans les...

Dans les quoi?... il fut pris... il fut pris. — Ah! voilà un lion bien sot de se laisser prendre. — Supposez un instant qu'il n'ait pas été pris... Cette maudite fable sans doute...

JULIENNE, *l'interrompant.*

Veux-tu que je te lise mon sujet? Tu m'aideras.

PAULINE.

Je le veux bien... D'ailleurs, puisque mon lion est pris, il est à croire qu'il ne s'échappera pas.

JULIENNE, *lisant.*

Je possède un cœur d'or; ma taille est haute et fine;
Sur un tapis bien vert doucement je m'incline.
Autant que je le puis, je me cache aux regards.
J'agite au gré du vent ma blanche collerette.
Devinez qui je suis?...

(*Parlant.*) Devinez qui je suis, voilà le difficile. Il faut trouver un mot pour rimer avec regards et

un autre pour rimer avec collerette. — Devinez qui
je suis... Qui donc porte collerette?

PAULINE.

Mon petit frère.

JULIENNE.

Ça ne rime pas.

PAULINE.

Les sœurs de charité.

JULIENNE.

Ça ne rime pas.

PAULINE.

Marie, Justine, Louise, Henriette.

JULIENNE.

Ah! Henriette... la grande Henriette avec ses mines
en dessous... C'est peut-être ça.
(Lisant les vers.)

Autant que je le puis, je me cache aux regards.
J'agite au gré du vent ma blanche collerette.

(Parlant.) J'agite au gré du vent... — Quand elle
joue aux barres... c'est évident.
(Continuant à lire.)
Devinez qui je suis?...
(Ayant l'air de chercher.)

Avec ses airs mignards
Je devine qui c'est. — C'est la grande Henriette.

PAULINE, *répétant.*

C'est la grande Henriette. Cela va.

JULIENNE, *réfléchissant.*

Non; pas encore.
(*Lisant.*)

Je possède un cœur d'or...

(*Parlant.*) Un cœur d'or; décidément, ce n'est pas Henriette.
(*Lisant.*)

Sur un tapis bien vert, doucement je m'incline...

(*Parlant.*) La grande Henriette qui s'incline. Non, non. Et puis, notre maîtresse ne veut pas qu'on se moque d'elle; par exemple, elle est bien exigeante, notre maîtresse! Il faut recommencer.

PAULINE.

J'en ai assez de ta poésie. Je reviens à La Fontaine.
(*Un moment de silence pendant lequel les deux pensionnaires font mine de travailler.*)

PAULINE.

Ce La Fontaine, un radoteur,... et... et... un imposteur.

JULIENNE, *relevant la tête.*

Oh!

PAULINE.

Oui, un imposteur. Tu sais, lundi, quand je suis allée à la campagne, chez ma tante, près de Versailles. Eh bien, je l'ai surpris en flagrant délit de mensonge.

JULIENNE.

La Fontaine chez ta tante?

PAULINE.

Écoute, tu verras. Nous revenions dans la grande voiture bleue avec la *Grise...* la *Grise*, le nouveau cheval de papa, un cheval froid, sans âme. Ah! La Fontaine aurait eu de la peine à le faire parler, celui-là! Papa criait, tapait, mais tapait, si bien que maman et moi nous avons demandé grâce.

JULIENNE.

Et quel rapport la *Grise* a-t-elle avec La Fontaine?

PAULINE.

Attends. Papa avait peur de manquer le train de Versailles. Voilà pourquoi il tapait. Mais, mon petit papa, lui dis-je, je t'assure que taper sur la *Grise* n'est pas le moyen d'arriver. (*Prenant une grosse voix.*) Allons donc! (*Revenant à sa voix naturelle.*) C'est La Fontaine qui l'a dit. Comment? La Fontaine! s'écrièrent à la fois papa et maman, un peu étonnés. Mais, oui,

Qui veut voyager loin ménage sa monture!...

Là-dessus, papa se met à rire; maman insiste de nouveau, et papa finit par lâcher son fouet; la *Grise* calme son trot... et... tu devines le reste.

JULIENNE.

Ma foi, non.

PAULINE.

Nous manquons le train. Obligés de coucher à Versailles. Ah! ce n'est pas papa qu'on reprendra jamais avec La Fontaine! (*Se remettant à sa leçon.*)

Il faut, autant qu'on peut, obliger tout le monde...

(*Parlant.*) C'est là que je m'arrête toujours.

(*Répétant.*)

On a souvent besoin...
On a souvent besoin d'un plus petit que soi.

Voilà encore une chose que je ne croirai pas facilement.

JULIENNE.

Si je me mettais à la fenêtre, ça aiderait peut-être l'inspiration.

PAULINE.

Oui, mettons-nous à la fenêtre.

(*Elles regardent par la fenêtre.*)

JULIENNE.

Encore, s'il pleuvait! Mais il fait un temps superbe. Vois donc comme tout reluit au soleil, les arbres, le gazon, les fleurs, jusqu'à cette belle allée d'argent qui s'enfonce si gentiment dans le bois. Entends-tu le sable qui craque comme pour nous dire : Venez, venez donc avec moi ; il y a de l'ombre de ce côté, il y a de l'herbe bien fraîche, il y a une source bien pure ; vous n'avez qu'à me suivre ; je vous mènerai au bon endroit. Ah! bien oui! la suivre! il faut que nous restions ici, jusqu'à ce que ces maudits vers...

PAULINE.

Jusqu'à ce que cette coquine de leçon...

(A ce moment, on entend un bruit de pas dans le couloir. Les jeunes filles regagnent précipitamment leurs tables, mais en se trompant de place. Julienne prend le livre de Pauline et Pauline se penche sur le cahier de Julienne. — Les pas s'éloignent.)

PAULINE.

Tiens, je lis sur ton cahier.

JULIENNE.

Ah! mon Dieu, j'écris sur ton livre.

PAULINE.

Chut...

JULIENNE.

Quoi?

(Pauline fait des gestes mystérieux et réitérés à Julienne qui finit par comprendre. — Moment de silence.)

JULIENNE.

Elle est là.

PAULINE.

Oui, je la vois.

JULIENNE.

Laisse-moi faire.

PAULINE.

Moi, je t'en prie, moi.

JULIENNE.

Ne la manque pas au moins.

PAULINE.

Sois tranquille, ça me connaît.
(*Elle s'avance sur la pointe des pieds près de la cheminée, dans le fond, fait le geste de prendre une mouche et revient triomphante près de Julienne.*)
Je la tiens; vite, vite un cornet.

JULIENNE.

Mon cahier... Ah bah! voilà une page blanche. (*Désignant la mouche.*) Une maison toute neuve pour mademoiselle.

PAULINE, *introduisant la mouche dans le cornet.*

En fait de prisonnières, nous voilà trois maintenant.

JULIENNE.

Qu'allons-nous en faire?

PAULINE.

C'est grave... Réfléchissons. (*A la mouche qui s'agite dans le cornet.*) Non, mademoiselle, non, vous ne sortirez pas.

(*Elle chante*).

Air : *J'ai du bon tabac.*

PREMIER COUPLET.

Moi, je veux que la petite ouvrière,
Promène à sa patte un fil enchaîné;
Dans l'air ce fil sera traîné.

JULIENNE.
(Elle chante.)
C'est vraiment bien imaginé.

PAULINE et JULIENNE.
(Elles chantent. S'adressant à la mouche.)
Tu veux échapper, tu n'échapperas pas.
Non petite, oh! non, tu n'échapperas pas.

DEUXIÈME COUPLET.

JULIENNE.
(Elle chante.)
Moi je demande que la prisonnière
Traîne un petit char par nous façonné;
Un char en papier joliment orné.

PAULINE.
(Elle chante.)
C'est vraiment bien imaginé.

PAULINE et JULIENNE.
(Elles chantent. S'adressant à la mouche.)
Tu veux échapper tu n'échapperas pas.
Oh! petite! oh! non, tu n'échapperas pas.

PAULINE.
Il y a encore le mât de cocagne. On plante une plume dans le sable, comme cela... *(Elle fait mine d'enfoncer une plume dans la poudrière.)* On attache ma mouche par la patte, on passe le fil dans la plume, on tire le fil et la voici qui grimpe, qui grimpe... C'est excessivement amusant.

JULIENNE.
Ou bien les arabesques... Oh! les arabesques!

On trempe les pattes de la mouche dans l'encre, bien légèrement... On étale une belle feuille blanche ; on y pose délicatement la baigneuse et on l'abandonne à ses fantaisies. Alors elle avance, elle recule, elle tourne, elle revient, en traçant avec ses pattes des raies, des cercles, des dessins tous plus merveilleux, tous plus drôles les uns que les autres. Voilà qui est intéressant !

PAULINE.

J'ai une idée. Si nous la mangions !

JULIENNE.

Tu es folle. Voyez-vous une côtelette de mouche ! Côtelette... Ah ! mon Dieu !

PAULINE.

Quoi donc ?

JULIENNE.

Si c'était côtelette... Côtelette, ça rime.

PAULINE.

Ah ! toujours les vers.

JULIENNE.

Une côtelette porte-t-elle une collerette ?

PAULINE.

Mais non.

JULIENNE.

Mais si. — Chez maman, dans les grands dîners, quand on sert des côtelettes, on leur met toujours un petit rouleau de papier frisé au bout du manche. Voilà la collerette.

PAULINE.

Tu as de la chance, toi !

JULIENNE, *regardant son cahier.*

Il y a bien encore le gazon vert... As-tu vu quelque fois une côtelette sur du gazon vert?

PAULINE, *comme frappée d'une idée subite.*

Sans doute... une côtelette sur des épinards.

JULIENNE.

C'est vrai. Justement épinards rime avec regards. Écoute :

Je possède un cœur d'or, ma taille est haute et fine.

Haute et fine! hum! hum !

PAULINE.

Le cœur d'une côtelette!

JULIENNE.

Non, non.

PAULINE.

La taille d'une côtelette!

JULIENNE.

Nous n'y sommes pas encore. Il faut chercher.

PAULINE.

Cherche si tu veux, moi je reviens à la mouche.

JULIENNE.

Elle frétille toujours?

PAULINE, *prenant le cornet.*

Plus fort que jamais.

JULIENNE.

Elle voudrait bien s'en aller, elle aussi! Au fait, si nous lui faisions grâce?

PAULINE.

Perdre ainsi le fruit de notre travail! — le prix de nos petits talents!

JULIENNE.

Oui, mais, rendre une pauvre prisonnière à la liberté!

PAULINE.

Nous priver de notre seule récréation!

JULIENNE.

C'est vrai, mais consoler toute une famille!

PAULINE.

Une famille?

JULIENNE.

Une pauvre famille de mouches bien dans la peine. Il y a quelque part, sans doute, d'infortunés petits moucherons qui soupirent après leur sœur, après leur mère peut-être!

PAULINE.

De pauvres petits moucherons... Tu as raison, je vais déchirer le cornet.

JULIENNE.

A la fenêtre, Pauline, elle sera plus près des arbres et des fleurs... et puis, nous la verrons s'envoler.

PAULINE, *allant à la fenêtre et ouvrant le cornet.*

Adieu donc, petite mouche, adieu et bonne chance.

JULIENNE.

Ne la perdons pas de vue, Pauline.

PAULINE.

Comme elle tourne.

JULIENNE.

La ronde de la liberté !

PAULINE.

Et comme tout a l'air joyeux autour d'elle.

JULIENNE.

C'est pour fêter son retour.

(*Elle chante.*)

Air *de Saltarello.*

Vole, pars, tout dans la nature
S'agite et chante ton retour.
J'entends le ruisseau qui murmure ;
La feuille frémit à son tour.
Pendant que l'abeille bourdonne,
Le grillon pousse un faible cri.
Au lointain le rossignol donne
Aux échos son air favori.

A son aspect, la gent ailée,
Se livre à d'innombrables ronds.
C'est une valse échevelée
Entre messieurs les moucherons.
La voilà flairant l'eau des mares ;
La voici rasant le sillon ;
Puis la voilà qui joue aux barres
Avec un brillant papillon.

Sans s'arrêter elle s'élance
A travers les bois, les vergers!
Chère mouche, ah! pas d'imprudence ;
Prends bien garde à tous les dangers.
Petite mouche vagabonde,
Sans souci d'un nouveau malheur,
Tu fais ainsi *ton tour du monde*,
En voltigeant de fleur en fleur.

PAULINE.

Elle vient par ici; on dirait qu'elle nous regarde.

JULIENNE.

Elle se balance au-dessus de la corbeille de ver-
veines.

PAULINE.

Pas dégoûtée, madame la mouche.

JULIENNE.

La voici qui s'approche... non, qui s'éloigne...
non, qui s'approche encore.

PAULINE.

Décidément, elle n'a pas de suite dans les idées.

JULIENNE.

Ah! elle s'abat sur le gazon.

PAULINE.

On dirait qu'elle cherche.

JULIENNE.

Elle s'arrête... Elle a trouvé.

PAULINE.

Une petite fleur blanche.

JULIENNE.

Oui, une pâquerette. (*Réfléchissant.*) Pauline?

PAULINE.

Julienne!

JULIENNE.

Une pâquerette!

PAULINE.

Eh bien?

JULIENNE.

Ce mot là ne te dit rien?

PAULINE.

Mais non.

JULIENNE.

C'est mon mot, celui que je cherche, le mot qui
rime avec collerette. C'est lui, j'en suis sûre.

PAULINE.

Serait-il possible?

JULIENNE.

C'est certain... la mouche a fait mon devoir!

PAULINE.

Elle nous aura entendues tout à l'heure.

JULIENNE, *prenant son cahier et lisant.*

Cette fois, c'est tout à fait cela; écoute.
Je possède un cœur d'or.

PAULINE.

En effet, le cœur d'une pâquerette est couleur
d'or.

JULIENNE, *lisant.*

Ma taille est haute et fine.

PAULINE.

La tige d'une pâquerette, oui!

JULIENNE, *lisant.*

Sur un tapis bien vert, doucement je m'incline.

PAULINE.

De mieux en mieux.

JULIENNE, *lisant.*

Autant que je le puis, je me cache aux regards.

PAULINE.

Brave petite fleur.

JULIENNE, *lisant.*

J'agite au gré du vent ma blanche collerette.

(*Parlant.*) C'est tout à fait cela. Comment n'y avons-nous pas pensé plus tôt?

(*Lisant.*)

Devinez qui je suis!

PAULINE.

Qui tu es, méchante... nous le savons à présent.

JULIENNE, *réfléchissant.*

Devinez qui je suis... Je tiens les deux derniers vers.

Devinez qui je suis... Sans couleurs et sans fards.

Que dis-tu de cela?

PAULINE.

Je n'en aurais pas trouvé autant.

JULIENNE.

Sans couleurs et sans fards,
La plus humble des fleurs, je suis la pâquerette.

JULIENNE ET PAULINE, *répétant ensemble le
dernier hémistiche.*

Je suis la pâquerette.

PAULINE.

Ah! comme je voudrais aussi savoir ma leçon!

JULIENNE, *écrivant.*

Pour que ça ne m'échappe pas, je vais l'écrire.
(*A mi-voix pendant qu'elle écrit.*)
Sans couleurs et sans fards...

PAULINE, *apprenant sa leçon.*

Le premier vers va bien, mais c'est le second vers, ce maudit second vers qui ne va pas.

(*Répétant.*)

On a souvent besoin... On a souvent besoin... De quoi a-t-on si souvent besoin? (*Regardant son livre.*) D'un plus petit que soi. Mais j'y pense, cela se rapporte à la mouche.

JULIENNE.

Comment? à la mouche!

PAULINE.

Sans doute, qui a trouvé le mot? la mouche!... Qui t'a sauvée, en fin de compte? la mouche. La Fontaine a raison, on a souvent besoin d'une mou... non... d'un plus petit que soi. Je suis sûre maintenant que je m'en souviendrai, en pensant à la mouche.

JULIENNE.

Mais le reste de ta leçon.

PAULINE.

Oh! le reste, cinq minutes... il s'agit de ne plus être butée. J'étais butée, voilà tout, et, sans la mouche...

JULIENNE, *l'interrompant.*

Sans la mouche, je ne pouvais arriver au bout de mon devoir.

PAULINE.

Je ne parvenais pas à retenir ma leçon.

JULIENNE.

Je me cassais la tête, là... sans espoir.

PAULINE.

Je m'entêtais depuis une heure.

JULIENNE.

Je maudissais de bon cœur la poésie.

PAULINE.

Et moi, j'étais brouillée avec La Fontaine.

JULIENNE.

Et c'est une mouche...

PAULINE.

Une toute petite mouche...

JULIENNE ET PAULINE.

Qui nous a tirées d'embarras.

JULIENNE.

Je suis bien sûre que toutes ces demoiselles n'ont pas trouvé le mot. Décidément la poésie a du bon.

PAULINE,

On a souvent besoin d'un plus petit que soi.

Voilà un beau vers!!

JULIENNE.

Désormais, je fais grâce à toutes les mouches.

PAULINE.

Quant à moi, je n'oublierai jamais que :

(*Elle chante.*)

AIR : *Un jour maître corbeau...*
On a souvent besoin d'un plus petit que soi.
L'exemple de la mouche en ce jour en fait foi.
Fut-on riche, avocat, gendarme, même roi,
On a toujours besoin d'un plus petit que soi !
    Sur l'air du tra la la la
    Sur l'air du tra la la la
    La la la la deri dera la la la.

(Tout en chantant, les deux pensionnaires rangent leurs livres, leurs cahiers et s'en vont en sautillant sur les dernières mesures du refrain.)

FIN

LES SUITES

DE LA COLÈRE

COMÉDIE EN DEUX ACTES

PERSONNAGES

Mme TAVERNIER, 70 ans, atteinte d'une maladie mentale
très grave.
Mme BODINIER, sa fille.
AMÉLIE, sa petite-fille.
VICTOIRE, bonne élevée dans la maison.
Mme RIGAULT, ancienne femme de ménage.
Mme PERSIL, concierge.

L'action se passe dans l'appartement de Mme Tavernier, à Paris.

LES SUITES DE LA COLÈRE

COMÉDIE EN DEUX ACTES.

ACTE PREMIER

Le théâtre représente un petit salon bourgeois. — Meubles modestes. Une fenêtre dans le fond. Trois portes qui peuvent être ramenées à deux, si l'on suppose qu'on passe par l'antichambre pour aller à la cuisine. Au milieu, une table et un couvert pour trois personnes. Quelques bouquets dans des vases. Un calendrier accroché au mur. Sur le devant, un grand fauteuil, avec coussin et tabouret.

SCÈNE PREMIÈRE

VICTOIRE, Mme PERSIL.

Mme PERSIL, *tenant un journal à la main.*

Comme c'est propre chez vous ! mazette !... et des fleurs !

VICTOIRE.

La fête de maman Tavernier.

Mme PERSIL, *baissant la voix.*

On lui souhaite donc sa fête?

VICTOIRE.

Mon Dieu, oui, et je vous demande un peu à quoi ça sert, puisqu'elle ne comprend plus rien.

Mme PERSIL, *avec un geste expressif.*

Complètement?... là... mais complètement?

VICTOIRE.

A en remontrer à une tortue. On a beau lui parler, rire ou pleurer... C'est même chose avec elle.

MME PERSIL.

Et à son âge.

VICTOIRE.

D'autant que les gros médecins y ont usé leurs drogues... Voilà déjà huit mois que cela dure.

MME PERSIL.

Il paraît que c'est venu après une émotion. Voyez-vous, Victoire, nous autres, pauvres femmes, c'est toujours la sensibilité qui nous tue.

VICTOIRE.

Nous habitions pour lors la ville de Laval, une bonne petite ville où tout le monde se connaît et où l'on peut causer au moins les uns sur les autres. — Quand, un tantôt, à quatre heures, voilà qu'on crie : Au feu !... au feu !... Le feu avait pris dans les toiles.

MME PERSIL.

Dans les toiles?

VICTOIRE.

Oui, dans la fabrique de toiles de Monsieur. Fallait voir la bousculade... La pauvre maman Tavernier ne voulait pas quitter le magasin... Vous comprenez, madame Persil, le magasin où elle avait passé son existence, à côté de défunt son cher homme... Il a fallu que son fils, sa petite-fille et moi, nous l'en tirions de force.

Mᴹᴱ PERSIL, *essuyant une larme.*

Pauvre vieille !

VICTOIRE.

Et ça n'a été que le commencement.

Mᴹᴱ PERSIL.

On a raison de dire : un malheur ne vient jamais seul.

VICTOIRE

Le lendemain, monsieur tombe malade. Un chaud et froid ; au milieu de la bagarre, ça se conçoit. Huit jours après, plus personne !

Mᴹᴱ PERSIL.

Voyez-vous cela ! Un chaud et froid... Moi d'abord, je me méfie des courants d'air.

VICTOIRE.

Puis les affaires s'embrouillent... On entre dans les procès... des procès sur toute la ligne... contre les voisins, contre les assureurs et contre les fournisseurs de Hollande. Au milieu de tout cela, que voulez-vous que deviennent une vieille femme et un enfant?... Heureusement que madame avait une fille mariée à Paris.

Mᴹᴱ PERSIL.

Mᵐᵉ Bodinier.

VICTOIRE.

M. Bodinier, qui est le meilleur des hommes, se charge des procès; il nous fait venir à Paris, sans me consulter, par exemple. Là, madame faiblit à son tour. Elle avait tant peiné, tant pleuré, cette pauvre vieille ! Faut pas s'étonner si ça lui a porté au cerveau... Depuis lors, la santé est un peu revenue... mais la tête est restée en route...

Mme PERSIL.

Et les procès ?

VICTOIRE.

Ah ! il y en a un qui donne du fil à retordre ! C'est celui de la Hollande. M. Bodinier, comme un brave, est parti pour ce pays-là. Il est encore heureux que nous ayons un gendre comme lui !... On attend des nouvelles, ce matin même, par Mme Bodinier, qui va venir souhaiter la fête à sa maman.

Mme PERSIL.

Enfin c'est tout de même une chance que d'avoir de bons enfants. Mlle Amélie, par exemple... en voilà une qui est aux câlineries et aux petits soins pour sa grand'mère. Bonté divine ! Rien que de la voir, ça m'attendrit.

VICTOIRE.

Ah ! bien sûr... Ça a bon cœur. Si la tête... mais la tête !...

Mme PERSIL.

Mauvaise tête et bon cœur... On ne dirait pourtant pas, à la mine...

VICTOIRE.

Non, comme ça, à l'ordinaire, ça ne paraît pas...

Mais quand le malin esprit la prend, voyez-vous...
Ah ! c'est un bien vilain défaut, la colère !

MME PERSIL.

Ça a été gâté dans la jeunesse.

VICTOIRE.

Voilà... la mère, disparue de bonne heure, malheureusement. Le père... dans ses toiles d'un bout
du jour à l'autre. La jeune fille a toujours fait ce
qu'elle a bien voulu.

MME PERSIL.

Ce ne doit pas être gai, pour vous, Victoire.

VICTOIRE.

Avec l'habitude, on se fait à tout. Et puis, dans ces
moments-là, je me sauve. Il n'y a pas à lui résister
dans ces moments-là... Quand c'est passé, par exemple, un vrai mouton.

MME PERSIL.

Je connais cela... M. Persil, lui aussi, est d'une
violence, mais d'une violence... Eh bien !... je vous le
confie à vous Victoire, il finit toujours par en passer
par où je veux. Mais, chut ! voici Mlle Amélie avec sa
grand'mère... Fiez-vous donc à la mine. On dirait
un petit saint Jean.

VICTOIRE.

Elles reviennent de faire leur promenade de chaque matin. Faut que je prépare le fauteuil pour
madame.

(Elle arrange le coussin et le tabouret du fauteuil.)

SCÈNE II

LES MÊMES, AMÉLIE, Mme TAVERNIER

Amélie soutient Mme Tavernier, qui marche avec peine.

AMÉLIE.

Prenez bien garde, grand'mère... Une fameuse promenade, aujourd'hui ! Nous avons bien fait cinquante pas de plus qu'hier ; vous avez marché bien droit... Vous n'êtes pas fatiguée ? (*Mme Tavernier ne répond pas.*)

VICTOIRE, *à part à Mme Persil.*

Quoi ! c'est comme si on parlait à une guérite.

Mme PERSIL, *à part à Victoire.*

Je m'en vais, car ça me remue. (*Haut à Amélie.*) Bien le bonjour, mademoiselle Amélie.

AMÉLIE, *apercevant Mme Persil.*

Ah ! c'est vous, madame Persil. On n'a rien apporté pour moi ?

Mme PERSIL.

Non, mademoiselle... Mademoiselle sait que j'ai l'habitude de monter les choses illico.

AMÉLIE.

Je le sais, madame Persil ; aussi je compte sur vous. (*Mme Persil sort.*)

SCÈNE III

LES MÊMES, *sans* Mme PERSIL

AMÉLIE, *faisant asseoir sa grand'mère dans le fauteuil et la regardant avec tendresse.*

Asseyez-vous là, grand'mère... En vérité, vous avez
bon visage... vos yeux brillent... ça reviendra, oh! ça
reviendra. Il faut que ça revienne... (*A Victoire.*) Victoire, avez-vous pensé au déjeuner?

VICTOIRE.

Oui, mademoiselle. Je n'attends plus que Mme Bodinier et le vol-au-vent.

AMÉLIE, *se tournant vers sa grand'mère.*

Un vol-au-vent! vous l'entendez, grand'mère, un
vol-au-vent! votre mets favori.

VICTOIRE, *à part.*

D'autrefois... parce que maintenant...

AMÉLIE, *à sa grand'mère.*

Quand vous serez reposée, nous irons faire toilette... Je veux que vous soyez belle pour le jour de
votre fête... Nous mettrons votre robe neuve... Vous
savez, la belle robe mauve que ma tante vous a ap-
portée l'autre jour, et votre bonnet à dentelles, avec
des rubans violets... les premiers rubans qui ne
soient pas noirs, depuis le malheur qui nous a frap-
pées.

VICTOIRE, *à part.*

Noirs ou violets, c'est tout un pour elle.

AMÉLIE, *à Victoire.*

Il faut laisser une place au milieu de la table... pour ma fleur.

VICTOIRE.

Vous avez acheté une fleur?

AMÉLIE.

Oui, un géranium rose, tout semblable à celui que nous possédions à Laval... (*A M*^me^ *Tavernier.*) Vous vous souvenez, grand'mère, du beau géranium que vous arrosiez chaque matin?

VICTOIRE.

Ah! le géranium, c'est comme le reste... Et, de fait, il vaut mieux peut-être qu'elle ne se souvienne pas.

AMÉLIE.

Qu'en sait-on, Victoire? Parfois quand je me trouve seule avec elle, sa main tremble... ses yeux s'animent, ses lèvres même s'agitent... On croirait qu'elle veut parler.

VICTOIRE.

C'est votre bon cœur, bien sûr, qui vous abuse mademoiselle Amélie... La pauvre dame ne voit plus et n'entend plus rien... elle ne se doute pas même que c'est aujourd'hui sa fête... Tout ce que vous préparez là, voyez-vous, c'est peine perdue.

AMÉLIE, *à Mme Tavernier.*

Vous l'entendez grand'mère ! On dit que vous êtes insensible à tout ce qui se passe autour de vous. On dit que votre cœur et votre esprit sont à jamais fermés... Oh ! non, n'est-ce pas ? Il est encore un petit passage par où la voix de votre Amélie pénètre jusqu'à vous... Mais il ne faut pas nous faire attendre grand'mère... Ma tante va bientôt arriver... Donnez-moi le bras, et allons nous habiller. (*Amélie prend le bras de sa grand'mère et sort avec elle par la porte intérieure.*)

SCÈNE IV

VICTOIRE, Mme RIGAULT *avec sa petite fille.*

VICTOIRE.

Pauvre Amélie... quel cœur ! quel dommage que la tête... Enfin, on n'est pas parfait.

Mme RIGAULT, *arrivant, tenant d'une main sa petite fille et de l'autre portant un gros bouquet.*

C'est moi, avec ma petite dernière.

VICTOIRE.

Vous venez souhaiter la fête à Mme Tavernier ?

Mme RIGAULT.

Je m'en flatte... Un bouquet de calibre comme vous voyez, et un compliment... que l'écrivain du quai Saint-Michel a fabriqué tout exprès pour moi... C'est tapé ! Vous verrez cela... J'étais dans les agitations, car nous avons bien failli ne pas venir...

VICTOIRE.

Pourquoi cela ?

MME RIGAULT.

C'est le huit...

VICTOIRE.

Eh bien ?

MME RIGAULT.

Le huit juillet ;... vous ne connaissez pas cela, vous autres richards. Le huit juillet... le petit terme... le loyer des pauvres... C'est ce jour-là, qu'il s'en fait des grimaces... Je déménage.

VICTOIRE.

Ah !

MME RIGAULT.

Mon Dieu, oui. Ça s'est décidé la semaine dernière, à *l'improvisse*, comme on dit. Imaginez-vous que mon propriétaire n'a pas voulu me ramoner. M. Pétavoine, que je lui décoche, c'est l'usage. — Mme Rigault, qu'y m'répond, c'est pas l'mien. — M. Pétavoine, que j'lui réplique, vous n'êtes pas un homme juste. — Mme Rigault, qu'y poursuit, vous êtes une opiniâtre. — Vous, un malhonnête. — Vous, une chipoteuse. — Un tondeur de sous. — Une faiseuse de potins. Je ne tiens pas à vous. — Ni moi, par exemple. — Vous pouvez filer, et tout de suite, encore. — Est-ce dit? — C'est convenu. Là-dessus, on se tape dans la main et, dès le soir, v'là que j'trouve une de mes amies qui propose de me céder son fonds. C'était mars en carême. Ma foi, jai fait l'affaire.

VICTOIRE.

Et quel genre de commerce, madame Rigault?

MME RIGAULT.

Chiffonnière, mademoiselle Victoire. Il n'y a pas de sot métier, vous savez. Je m'installe aujourd'hui, et (*mettant la main sur son cœur*) sans la reconnaissance...

VICTOIRE, *l'interrompant.*

Qui vous attache à Mlle Amélie.

MME RIGAULT.

Parce que, voyez-vous, les sentiments, mes mioches et mon loyer... je ne connais que cela. Je le rabâche tous les jours à Félicité. C'est Mlle Amélie qui nous a tirés d'affaire. Sans elle, bon Dieu... il y a déjà un an de ça — nous demeurions près de chez vous, dans ce temps-là.

VICTOIRE.

Vous avez l'habitude du déménagement.

MME RIGAULT.

Les propriétaires sont si ingrats! Ah! je n'en menais pas large, quand votre excellente petite maîtresse est venue m'apporter le premier bol de bouil-

lon. Bonté du ciel, quel bouillon! Huit jours de ce
bouillon-là m'ont remise sur pattes; mais je n'en étais
pas plus riche.

VICTOIRE.

Dame!... quand on relève de maladie.

MME RIGAULT.

Après mon tour, ce fut le vôtre. Quelque temps
après, vous attrapez une pleurésie. En votre ab-
sence, Mlle Amélie me prend pour soigner Mme Tavernier. La place était bonne; mais, au bout de
quinze jours, vous étiez revenue... Et puis, la servi-
tude, voyez-vous, ça ne me convient pas. Moi, je suis
habituée à l'indépendance. (*Montrant son cœur.*) Ça
ne m'empêche pas d'avoir là une pointe pour vos
maîtresses... (*On entend, dans la coulisse, Amélie
qui parle avec vivacité.*) Mais voilà Mlle Amélie...
Qu'y a-t-il donc?

VICTOIRE, *écoutant.*

Oui, il y a quelque chose.

MME RIGAULT.

On dirait qu'elle n'est pas contente. Elle ne déménage pourtant pas, elle!

VICTOIRE, *la poussant dans la cuisine.*

Il ne faut pas vous montrer avant le grand moment. Fourrez-vous là-dedans et attendez. Vous
pourrez vous rafraîchir en patientant.

MME RIGAULT.

Ma foi, ça n'est pas de refus... Vous savez, quand on déménage.
(*Mme Rigault et sa fille entrent dans la cuisine.*)

SCÈNE V

VICTOIRE, AMÉLIE.

AMÉLIE, *arrive en manifestant des signes d'impatience.*

Victoire! Eh bien, où êtes-vous donc, Victoire?

VICTOIRE.

Me voilà, mademoiselle. (*A part.*) Gare la bombe!

AMÉLIE.

Quelle contrariété! Quelle horrible contrariété!

VICTOIRE.

Qu'est-ce donc, mademoiselle?

AMÉLIE.

Grand'maman qui ne veut pas mettre sa robe.

VICTOIRE.

Ah! dame! quand elle se butte...

AMÉLIE.

Je m'y suis prise de toutes les façons. Je ne puis pourtant pas me mettre en colère contre grand'maman!

VICTOIRE, *à part.*

Et c'est moi qui, alors... Je comprends.

AMÉLIE.

Concevez-vous combien c'est désagréable? moi qui me faisais une joie... Allons, c'est une fête manquée.

VICTOIRE.

Mais, mademoiselle, pour une robe...

AMÉLIE, *répétant en imitant Victoire.*

Pour une robe... vous voilà bien... Jamais de mon avis...

VICTOIRE.

Moi !

AMÉLIE.

Vous cherchez toujours à me contredire.

VICTOIRE.

Oh ! par exemple.

AMÉLIE, *frappant du pied.*

Je vous avertis que cela finit par m'ennuyer.

VICTOIRE.

Enfin, mademoiselle...

AMÉLIE.

Taisez-vous...

VICTOIRE.

Que vous ai-je dit ?

AMÉLIE.

Taisez-vous, vous dis-je.

VICTOIRE.

Je n'ai pas parlé.

AMÉLIE.

Victoire, je vous déteste.

VICTOIRE, *à part faisant mine de s'esquiver.*

Il n'est que temps de...

(*A ce moment on entend un bruit de vaisselle cassée dans la cuisine.*)

AMÉLIE.

Qu'est-ce que c'est que ça ?

VICTOIRE.

Je n'en sais rien...

AMÉLIE.

Une assiette que vous avez mal placée, sans doute !

VICTOIRE.

Je vous assure que...

AMÉLIE, *l'interrompant.*

Vous êtes une étourdie.

VICTOIRE.

Oh !

AMÉLIE.

Une maladroite, une brise-tout, une...

VICTOIRE.

Écoutez-moi et vous verrez...

AMÉLIE, *de plus en plus montée.*

Non, je ne veux pas vous écouter.

VICTOIRE.

A votre guise, alors.

AMÉLIE.

A ma.. à ma guise... Oh! si je ne me retenais pas!...

VICTOIRE, *très-haut.*

Mais, puisque ce n'est pas moi.

AMÉLIE, *de plus en plus irritée.*

Ce n'est pas vous! menteuse! Qui est-ce donc alors?

SCÈNE VI

LES MÊMES, Mᵐᵉ RIGAULT

Mᵐᵉ RIGAULT, *paraissant avec sa petite fille.*

C'est moi, mademoiselle.

AMÉLIE.

Vous m'avez entendue? Vous étiez là?

Mᵐᵉ RIGAULT.

Oui, mademoiselle.

AMÉLIE, *brusquement.*

Que faisiez-vous là ?

MME RIGAULT.

Je venais...

AMÉLIE, *l'interrompant.*

Pourquoi veniez-vous ?

MME RIGAULT.

Vous vous en doutez bien, je venais pour.

AMÉLIE, *l'interrompant de nouveau.*

Vous n'avez que faire ici.

MME RIGAULT.

Oh ! mademoiselle Amélie !

AMÉLIE.

Il n'y a pas de Mlle Amélie qui tienne !

MME RIGAULT.

Je vais vous expliquer.

AMÉLIE.

Non.

MME RIGAULT.

Une seconde...

AMÉLIE.

Non, non, non.

MME RIGAULT.

Voyons, ma chère petite...

AMÉLIE.

Je vous défends de m'appeler votre chère petite.

MME RIGAULT.

C'est trop fort à la fin, et si vous ne voulez pas m'écouter...

AMÉLIE.

Que ferez-vous?

MME RIGAULT.

Eh bien, je vous forcerai à m'entendre.

AMÉLIE.

Oh! l'impertinente!

MME RIGAULT.

Impertinente, si vous voulez; cela vaut mieux que d'être colère.

AMÉLIE, *au comble de l'irritation.*

Colère! vous l'entendez, Victoire; elle m'appelle colère.

MME RIGAULT, *élevant la voix.*

Vous m'avez rendu des services... c'est vrai. Mais cela ne vous donne pas le droit d'être malhonnête!

AMÉLIE.

Malhonnête! Ah! si j'étais la plus forte.(*Trépignant.*) La la la la... Quel malheur de ne pas être la plus forte!

MME RIGAULT, *même jeu.*

Oui, malhonnête envers une vieille femme qui pourrait être votre mère... J'étais votre obligée... mademoiselle... Mais maintenant que vous m'avez insultée, je ne vous dois plus rien ; nous sommes quittes. (*A sa petite fille.*) Allons, viens, petiote. — Je reprends mon bouquet .. mon compliment... et mon déménagement.

AMÉLIE, *comme frappée d'une idée subite.*

Votre bouquet... Ah! mon Dieu ! vous veniez donc pour...

MME RIGAULT, *l'interrompant.*

Et même, ça m'a fièrement dérangée, allez! (*A sa fille.*) Allons, file devant, Félicité.

AMÉLIE.

La mère Rigault !

MME RIGAULT.

Ah! c'est que je ne suis pas comme cette ingénue, moi ! (*Elle montre Victoire.*) Quand vous me reverrez, mademoiselle, y fera chaud...
(*Mme Rigault sort avec Félicité.*)

SCÈNE VII

AMÉLIE, VICTOIRE.

AMÉLIE.

Elle s'en va, elle s'en va... Mais à quoi pense t-elle ? Eh bien, et son bouquet... et son compliment ? Nous n'aurons plus personne pour souhaiter la fête à grand'maman... Ah ! j'ai eu tort... je vois bien, à présent, que j'ai eu tort. (*Elle se met la tête entre les mains et elle pleure.*)

11

VICTOIRE, *à part.*

Après l'orage, l'averse.

AMÉLIE, *à part.*

Cette pauvre femme qui s'était dérangée tout exprès... avec sa petite fille...

VICTOIRE, *à part, regardant Amélie.*

Ça revient.

AMÉLIE.

Et cette bonne Victoire... Ah ! j'ai été méchante. (*Appelant.*) Victoire ?

VICTOIRE.

Mademoiselle.

AMÉLIE.

Ma petite Victoire...

VICTOIRE.

Mademoiselle Amélie...

AMÉLIE.

Vous ne m'en voulez pas ?

VICTOIRE.

resque plus.

AMÉLIE.

Donnez-moi la main.

VICTOIRE, *serrant la main d'Amélie*

Alors plus du tout.

AMÉLIE.

Et la mère Rigault ?

VICTOIRE.

Oh ! la mère Rigault, une forte tête, mais de petites jambes… Si j'essayais de la rattraper.

AMÉLIE.

Que vous êtes bonne, Victoire. C'est cela… courez… rejoignez-la… ramenez-la.

VICTOIRE.

Soyez tranquille… Je lui en dirai tant.

AMÉLIE.

Dites-lui surtout que je regrette bien ce qui s'est passé.

VICTOIRE, *à part.*

Ah ! le bon cœur ! Si la tête… (*Haut.*) Je me sauve, mademoiselle. (*Elle sort.*)

SCÈNE VIII

AMÉLIE, *seule.*

Quelle excellente fille !.. Comme je suis loin de la valoir, moi !.. Je vais achever de mettre le couvert… Ça l'avancera toujours un peu. (*Elle place les assiettes autour de la table.*)

SCÈNE IX

AMÉLIE, Mme BODINIER.

Mme BODINIER.

La porte est toute grande ouverte, j'en profite. Ma mère va bien ?

AMÉLIE, *s'approchant et embrassant sa tante.*

Comme à l'ordinaire. Bonjour, ma tante.

MME BODINIER.

Tu es toute rouge... serais-tu malade?

AMÉLIE.

Non, ma tante; un peu d'agitation.

MME BODINIER.

Calme-toi et assieds-toi là. J'ai à te parler sérieusement.

AMÉLIE.

Des nouvelles de Hollande?

MME BODINIER.

Oui, une lettre de ton oncle, qui répond du succès, si...

AMÉLIE, *l'interrompant.*

Si... quoi?

MME BODINIER.

Si on peut lui procurer une pièce essentielle qui manque à votre dossier.

AMÉLIE.

Une pièce essentielle?

MME BODINIER.

Indispensable... Un acte, un traité que ton père avait passé avec votre correspondant de la Haye. As-tu idée de cela?

AMÉLIE.

Ma grand'mère m'en a parlé... plusieurs fois. *(Ré-*

fléchissant.) N'est-ce pas notre notaire de Laval,
M. Lenormand, qui lui avait apporté ce papier?

MME BODINIER.

Précisément.

AMÉLIE.

A ce moment, elle avait encore les idées nettes...
Je me rappelle lui avoir entendu dire que M. Lenormand lui fit de grandes recommandations à ce
sujet.

MME BODINIER.

Alors il se trouve ici?

AMÉLIE.

Mais non, j'ai remis tout ce que nous possédions à
mon oncle.

MME BODINIER.

Ce n'est pas possible... tu connais le soin de ton
oncle... Il m'écrit qu'il a compulsé tout le dossier,
feuille par feuille.

AMÉLIE.

A moins que ma grand'mère ne l'ait serré à part,
par un surcroît de précautions. Effectivement, après
le départ du notaire, je ne l'ai pas vu entre ses
mains...

MME BODINIER.

Il faut fouiller partout.

AMÉLIE.

C'est ce que nous avons fait, plusieurs fois déjà.

Nous avons tout remué, tout vidé... Le secrétaire, la commode, tous les tiroirs... Je ne sais pas un coin où nous n'ayons passé vingt fois.

MME BODINIER.

C'est désespérant.

AMÉLIE.

Cet acte est donc bien important?

MME BODINIER.

Je te le répète, ton oncle estime que l'affaire est perdue, si on ne le représente pas...

AMÉLIE.

Vous me faites peur, ma tante.

MME BODINIER.

Une idée... A quelle époque le notaire est-il venu?

AMÉLIE, *réfléchissant.*

C'était au moment où ma grand'mère commençait à baisser, vers le mois de janvier... Le 13 ou le 14 janvier, je crois, un mardi... (*Consultant le calendrier.*) Oui... c'est le mardi 14 janvier.

MME BODINIER.

Il y avait quelqu'un avec elle, sans doute pendant la visite du notaire?

AMÉLIE.

Vous avez raison, Victoire devait s'y trouver.

MME BODINIER.

Est-elle là?

AMÉLIE.

Non, mais elle revient à l'instant...

SCÈNE X

LES MÊMES, VICTOIRE.

VICTOIRE, *arrivant un peu vite et toute essouflée.*

Me voilà. — Ah! mademoiselle! (*Elle reste coi, en apercevant M*^{me} *Bodinier.*)

MME BODINIER.

Ma fille, écoutez-moi bien.

VICTOIRE, *étonnée.*

Oui, madame.

MME BODINIER.

Étiez-vous auprès de ma mère, quand le notaire de Laval est venu la voir?.. Faites appel à tous vos souvenirs.

VICTOIRE.

Non, madame.

MME BODINIER,

Comment, non?... il y a six mois... le 13 ou le 14 janvier.

VICTOIRE.

Précisément, à cette époque j'étais dans le fort de ma maladie... la mère Rigault me remplaçait.

AMÉLIE.

C'est juste.

MME BODINIER.

Il faut interroger la mère Rigault. (*A Victoire.*) Ne vous a-t-elle jamais parlé de cette circonstance?

VICTOIRE.

Oh! si, elle a jasé plus d'une fois sur le notaire... Il paraît même qu'elle avait prêté ses lunettes à votre maman pour lire quelque grimoire.

AMÉLIE, *avec joie.*

Nous y voilà, ma tante.

MME BODINIER.

Nous sommes en bon chemin... et où demeure cette mère Rigault?

AMÉLIE.

Justement Victoire était partie pour la chercher.

MME BODINIER.

A merveille. (*A Victoire.*) Elle va venir?

VICTOIRE, *tristement.*

Non, madame.

AMÉLIE, *vivement.*

Comment, non? Vous n'avez pas pu la rejoindre?

VICTOIRE.

Non, mademoiselle.

AMÉLIE.

Eh bien, il faut courir chez elle

VICTOIRE.

Peine perdue... j'en sors.

AMÉLIE.

Ah ! je comprends... Elle ne veut pas revenir. Eh bien, j'irai moi-même.

VICTOIRE.

Hélas ! mademoiselle, la mère Rigault a déménagé.

MME BODINIER.

On doit connaître sa nouvelle adresse ?

VICTOIRE.

Voilà le malheur ! Je me suis adressée au propriétaire, aux voisins... personne n'a pu me répondre. (*A Amélie.*) Elle vous l'aurait donnée sans doute elle-même tantôt, si...

AMÉLIE, *faisant signe qu'elle comprend ce que Victoire veut dire.*

Ah ! oui... malheureuse que je suis !

MME BODINIER.

Que dis-tu là ?

AMÉLIE.

Je dis, ma tante, que si la mère Rigault ne se retrouve pas, c'est de ma faute...

MME BODINIER.

Explique-toi...

AMÉLIE.

Hélas ! je me suis emportée tout à l'heure contre

Victoire et contre... elle .. Elle est sortie furieuse et sans doute nous ne la reverrons pas...

MME BODINIER.

Vilaine enfant, je devrais te gronder, mais il faut parer au plus pressé. Je vais moi-même aux informations ; il n'y a pas de temps à perdre.

AMÉLIE.

Ah ! ma pauvre tante...

MME BODINIER.

Pense qu'il y va de votre fortune.

AMÉLIE, *pleurant.*

Je suis bien à plaindre, allez !

MME BODINIER.

Allons, sèche tes larmes. Il ne faut pas que ma mère te voie pleurer... il est impossible d'ailleurs que nos recherches n'aboutissent pas. (*Mme Bodinier, au moment de sortir, se retourne vers Amélie.*) Mais ne recommence plus.

Amélie court à sa tante qui lui prend les mains et l'embrasse.

(*La toile tombe.*)

FIN DU PREMIER ACTE

DEUXIÈME ACTE

Même décor qu'au premier acte.

SCÈNE PREMIÈRE

AMÉLIE, *seule.*

Au lever du rideau, elle est assise devant la table et dessine avec attention. Sur la table se trouve un vase vide, qu'elle reproduit sur un album. Elle parle tout en dessinant.

Une véritable artiste et un noble cœur, ma tante ? C'est elle qui m'a conseillé d'apprendre le dessin. Tenons-nous prêtes à tout, m'a-t-elle dit, et elle m'a promis qu'en trois mois je serais en mesure de travailler pour un architecte. Il faut bien, si nous perdons notre procès, comme c'est probable, hélas ! que je me mette en état de gagner notre vie, la mienne et celle de ma pauvre grand'mère. Croyez-vous qu'il n'a pas été possible de remettre la main sur ce malheureux papier... On a fouillé de nouveau partout ; on a écrit au notaire qui a répondu qu'il l'avait bien remis à grand'mère devant la mère Rigault...

Quant à cette mère Rigault, introuvable! Ah! la rancuneuse! Si elle savait tout le dommage qu'elle nous cause. (*Examinant le dessin.*) Bon, cette ligne n'est pas assez contournée, puis mon dessin est de travers. Comme c'est difficile de copier sur nature! Je connais cependant ce vase... nous avons été élevés ensemble. C'est un vieil ami... Autrefois, chaque matin, on le décorait. Je vois encore ma grand'mère, dans sa belle robe à ramages bleus et blancs, un panier rempli de fleurs d'une main et des rameaux verts dans l'autre; il me semble l'entendre : Petite, me disait-elle en mêlant les rameaux et les fleurs, je fais pour ce vase, ce que tes maîtresses font elles-mêmes pour toi... Pour toi aussi, cher petit vase d'élection, on a préparé les plus belles fleurs. Ces fleurs s'appellent : l'ordre, la soumission, la modestie... la douceur. Tu les entretiendras avec soin ces fleurs impérissables, et si parfois, au milieu d'elles, se manifestent quelques herbes folles, tu arracheras aussitôt, tu l'arracheras sans hésitation cette fâcheuse ivraie, qui finirait par envahir et étouffer tout le reste. (*Un moment de silence.*) Comme ce crayon marque peu... On n'a pas idée d'un crayon aussi dur... (*Elle appuie sur le crayon qui cède et qui glisse sur l'album.*) Bon ! en voilà bien une autre ! mon anse droite perdue... maudit crayon ! (*Jetant le crayon par terre.*) Une anse droite que j'avais eu tant de peine à ombrer? (*Prenant un autre crayon.*) Plus dur que le premier... C'est une série !... Tu as beau faire, tu marqueras. (*Elle frappe avec force; le crayon traverse le papier.*)

Oh ! le traître ! il a percé le papier !.. Quinze jours de travail, c'est affreux. (*Elle se lève, prend le dessin et l'examine.*) Joli, en vérité ! à droite, un gros trait !... à gauche un grand trou ! sans compter que le dessin est de travers et que le pied est manqué ! Non, non... c'est atroce ! (*Raturant le dessin avec violence.*) Tiens, tiens, comme cela, au moins je me serai vengée. Oh ! vouloir et ne pas pouvoir ! Je suis outrée... j'enrage... Je ne me sens plus... (*S'approchant du vase et se croisant les bras.*) Et toi, que fais-tu là ? Cela t'est bien égal à toi, pot stupide... C'est cependant toi qui est la cause de tout... C'est toi, malheureux, insensé, idiot ! Je ne veux plus te voir, va-t-en, te dis-je. (*Elle prend le vase et le jette par la fenêtre.*) Au moins, je n'entendrai plus parler de toi... (*On entend un peu de bruit du côté intérieur.*) Ciel ! ma grand'mère qui se réveille ! J'y pense... si elle allait s'apercevoir... justement depuis quelques jours elle va mieux... beaucoup mieux... Plus tard, prochainement peut-être, quand elle sera tout à fait revenue, elle me demandera des nouvelles de ce vase... Ah ! je me souviens maintenant, c'est mon père qui le lui avait donné. C'est épouvantable ce que j'ai fait là. Si, du moins, il ne s'était pas trop brisé ! Si on pouvait... (*Regardant par la fenêtre.*) Hélas ! non... en mille pièces ! (*Fermant la fenêtre.*) Cela me fait mal de regarder tous ces débris... Ah ! combien je suis coupable ! (*On entend de nouveau du bruit dans l'intérieur. Se dirigeant de ce côté.*) Me voici, grand'mère, me voici... (*Elle sort.*)

(*La scène reste vide un instant.*)

SCÈNE II

Mme BODINIER, VICTOIRE.

Elles entrent du côté extérieur.

Mme BODINIER.

Tu me dis donc que le mieux continue.

VICTOIRE.

Oui, madame. C'est certain.

Mme BODINIER.

Le médecin a maintenant grand espoir.

VICTOIRE.

Sans être médecin, moi, je m'aperçois tout de même que la tête se remet un tantinet. Tenez avant-hier... (*Elle hésite.*)

Mme BODINIER.

Avant-hier?...

VICTOIRE.

C'est que madame va me gronder...

Mme BODINIER.

Au contraire, Victoire, tout ce qui peut nous éclairer...

VICTOIRE.

Eh bien, avant-hier, je me trouvais seule avec madame... Elle venait de prendre une cuillerée de cette potion que le médecin lui a ordonnée, histoire de l'émoustiller, à ce qu'il prétend. Tout à coup, voilà qu'elle redresse la tête et qu'elle se met à fixer le fond du lit, droit entre les deux rideaux. Je me rappelle que c'était là où vous aviez placé jadis le portrait de son fils, ce petit portrait que mademoiselle Amélie a caché dans le chiffonnier. Je vais au chiffonnier, j'en tire le portrait et je l'accroche à son ancienne place. Ah! si vous l'aviez vue alors! C'était bien un autre effet que la potion. La voilà qui marmotte, qui bredouille, comme elle n'avait pas encore fait... puis elle s'écrie : Mon fils... Amédée, mon fils...

MME BODINIER.

Tu as entendu : mon fils?

VICTOIRE.

Comme je vous entends. Ensuite elle s'est mise à pleurer. Alors j'ai eu peur, j'ai enlevé le cadre et je me suis gardé de souffler mot.

MME BODINIER.

Sais-tu, Victoire, que ceci est un événement?... Justement je viens pour tenter un dernier effort.

VICTOIRE.

Un dernier effort?

MME BODINIER, *tirant un flacon de sa poche.*

Je sors de chez le médecin qui m'a remis cette nouvelle potion, dont il attend un résultat merveilleux.

VICTOIRE.

Cette petite fiole-là?

Mme BODINIER.

Je lui ai bien demandé, s'il n'y avait aucun danger ; tout au contraire, il croit le moment venu, et ce que tu me racontes, Victoire, confirme tout ce qu'il m'a assuré.

VICTOIRE.

Ah ! madame, le portrait de son fils vaut mieux que toutes les fioles et que tous les médecins du monde.

Mme BODINIER.

Tu as raison. Va donc le chercher, car il faut que nous usions de tous nos moyens aujourd'hui. Demain, il serait trop tard.

VICTOIRE.

Toujours, le procès... je comprends...

Mme BODINIER.

Tu as su que mon mari avait réussi à retarder les débats. Ils ont repris depuis quelques jours et nous sommes arrivés à la limite extrême. Si nous ne retrouvons pas cette pièce...

VICTOIRE.

Ce n'est toujours pas de ma faute, allez... Depuis six mois, j'ai assez remué les meubles ; il ne doit pas rester un grain de poussière dans la maison...

Mme BODINIER.

Hélas ! oui... nous avons tout épuisé.

VICTOIRE.

Jusqu'à cette mère Rigault qui n'a pas reparu. Décidément, c'est une boudeuse...

MME BODINIER.

Il ne nous reste plus qu'un espoir, un seul. Si nous ne parvenons pas à obtenir un mot de ma mère, qui nous mette sur la voie, eh bien, Victoire...

VICTOIRE.

Eh bien, madame?

MME BODINIER.

C'est la ruine... C'est la misère...

VICTOIRE.

Dire qu'il y a là, un méchant bout de papier qui peut nous sauver tous! C'est agaçant; mon Dieu, que c'est agaçant!

MME BODINIER.

Il semble que ce soit une fatalité.

VICTOIRE.

Mais où es-tu donc, paperasse de malheur, où es-tu donc?

MME BODINIER.

Malgré tout, j'espère. Il me semble impossible que Dieu nous abandonne, Victoire... S'il a permis que ma mère allât mieux, juste dans ce moment...

VICTOIRE, *l'interrompant.*

Vous avez raison, madame, c'est que le bon Dieu a son idée.

Mme BODINIER.

Il me semble que j'entends ma mère.

VICTOIRE, *regardant du côté intérieur.*

C'est bien elle avec Mlle Amélie... Le cœur me tressaute...

Mme BODINIER, *à Victoire qui s'empresse d'obéir à ses ordres.*

Avance le fauteuil... ici. Les coussins... le tabouret... bien; bien, Victoire. Je vais préparer la potion... Toi, va chercher le portrait*.

(*Mme Bodinier entre dans la cuisine et Victoire dans l'intérieur de l'appartement.*)

SCÈNE III

AMÉLIE, Mme TAVERNIER.

Amélie donne le bras à sa grand'mère... Elle la conduit à son fauteuil, et, après l'avoir fait asseoir, arrange les coussins autour d'elle.

AMÉLIE.

Doucement... Bien doucement grand'mère; puis, tournez-vous de mon côté, comme cela.. On a beau dire que vous n'entendez plus... Vous ne parlez plus, c'est vrai... Mais vous et moi, nous savons nous comprendre. Tenez, quand vous me regar-

---

* On se rappelle que, dans les indications du décor du 1er acte, nous avons dit que la cuisine était située du côté opposé à la chambre de Mme Tavernier.

dez ainsi fixement, tendrement, cela veut dire évidemment : tu as été bien méchante tout à l'heure. Oh ! oui, très méchante, vous avez raison, grand' mère. (*Elle prend la main de M*^{me} *Tavernier.*) Ah ! vous m'avez serré la main. C'est que vous me pardonnez, n'est-ce pas ? Je ferai des efforts à l'avenir, je serai sage, je serai douce je vous le promets, et s'il m'arrivait, par hasard, de manquer un peu à ma parole, eh bien, je viendrai tout vous avouer... Comme aujourd'hui, je m'agenouillerai devant vous. (*Elle s'agenouille.*) Je vous prendrai la main... Je vous demanderai pardon, et il me semble que j'entendrai votre tendre voix, votre voix d'autrefois qui me répond : Ma chère petite-fille...

Mme TAVERNIER, *d'une voix faible.*

Ma chère petite-fille !

AMÉLIE, *se relevant vivement.*

Ah ! mon Dieu.

SCÈNE IV

LES MÊMES, Mme BODINIER, VICTOIRE.

Mme BODINIER, *sortant de la cuisine un verre à la main.*

Qu'y a-t-il ?

AMÉLIE.

Ma grand'mère qui a parlé !

Mme BODINIER.

Serait-il vrai ? Quel espoir !

AMÉLIE.

« Ma chère petite-fille. » Ah ! grand'mère, j'eusse reconnu votre voix entre mille, votre voix que nous n'avons pas entendue depuis si longtemps. — Vous êtes bien fatiguée, n'est-ce pas ? (*Mme Tavernier fait signe que non.*)

Mme BODINIER.

C'est le ciel qui se décide pour nous... (*Présentant le verre à Mme Tavernier.*) Prenez cela, ma mère.

AMÉLIE, *à Mme Bodinier.*

Vous avez vu le médecin ?

Mme BODINIER.

Comme c'était convenu. Il attend un grand effet de cette potion. (*A Mme Tavernier.*) Buvez, ma mère, n'ayez crainte.

VICTOIRE.

Buvez, madame... C'est du nanan.

AMÉLIE.

Buvez, grand'mère, pour nous faire plaisir. (*Mme Tavernier prend le verre, hésite un peu, regarde Amélie et d'un trait boit la potion. Elle fait signe qu'elle la trouve bonne.*)

AMÉLIE.

Bon, n'est-ce pas ?

VICTOIRE.

Je vous l'avais bien dit.

MME BODINIER.

Cela vous donnera des forces.

AMÉLIE.

Vous trouvez-vous mieux ? (*Mme Tavernier fait signe que oui.*)

MME BODINIER.

Les forces reviennent? (*Mme Tavernier fait signe que oui.*)

VICTOIRE.

Et la langue ?... (*A part.*) Car c'est la langue...

MME TAVERNIER, *distinctement.*

Oui... oui...

(*Mme Bodinier, Amélie et Victoire échangent un regard de satisfaction.*)

MME BODINIER.

Eh bien, ma mère, accordez-nous toute votre attention, car nous avons à vous demander quelque chose de bien grave.

AMÉLIE.

Ah! oui, de bien grave...Vous nous entendez, grand' mère?... de bien grave.

MME TAVERNIER.

Oui... oui...

MME BODINIER.

Vous compreniez tout ce que nous disons?

Mme TAVERNIER.

Oui, oui...

(A ce moment, les personnages sont groupés de la manière suivante : Mme Bodinier, à gauche, soutient Mme Tavernier. Amélie est accroupie devant elle. Victoire à droite, un peu en arrière. — Toutes les trois suivent avec anxiété les jeux de physionomie de Mme Tavernier.)

Mme BODINIER.

Vous souvenez-vous, ma mère, d'avoir reçu la visite du notaire de Laval?

AMÉLIE.

Qui est venu, il y a juste un an, vous voir à Paris.

VICTOIRE.

Un gros monsieur, très-rouge...

Mme BODINIER.

Oui... et chauve.

AMÉLIE.

Avec des lunettes.

VICTOIRE, *à part.*

Naturellement !

Mme BODINIER.

Il vous a parlé de la succession de mon père.

Mme TAVERNIER, *avec effort.*

Oui... Je me souviens.

Mme BODINIER.

Ah!

AMÉLIE.

Il vous a remis un papier ?

Mme TAVERNIER, *ayant l'air de chercher.*

Un papier...

Mme BODINIER.

Un papier, un traité qu'il vous a bien recommandé de conserver. Eh bien, de ce papier, dépend toute votre fortune. (*Avec insistance.*) La fortune de votre petite-fille.

Mme TAVERNIER, *regardant Amélie.*

De ma petite-fille.

Mme BODINIER.

Oui, de votre chère petite-fille. Elle est ruinée si nous ne retrouvons pas ce papier.

Mme TAVERNIER, *paraissant préoccupée.*

Le papier... ce papier...

Mme BODINIER.

Souvenez-vous... ma mère.

AMÉLIE.

Oh ! oui, faites un effort.

VICTOIRE.

Allons... Vous y êtes.

(*Moment de silence.*)

Mme TAVERNIER.

Oui... Je me souviens.

Mme BODINIER, AMÉLIE, VICTOIRE.

Ah!

Mme TAVERNIER.

Un papier... (*Écartant les mains.*) Comme cela...
Un papier écrit... un papier... (*Elle hésite.*)

Mme BODINIER.

Un papier timbré.

Mme TAVERNIER.

Oui.

Mme BODINIER.

Nous sommes sauvées!

AMÉLIE.

Oh! ma chère grand'mère!

VICTOIRE, *à part.*

J'en ai une sueur.

Mme BODINIER.

Eh bien, puisque vous vous rappelez avoir reçu
ce papier... Dites-nous où vous l'avez placé?

AMÉLIE.

Oui. Qu'en avez-vous fait?

Mme TAVERNIER.

Où, où?... (*Cherchant.*) Où?

Mme BODINIER.

Où est-il? Tout est là.

Mme TAVERNIER...

Attendez... (*Elle réfléchit.*) Attendez.

VICTOIRE.

Voyons, madame, un peu de courage.

Mme TAVERNIER, *prenant sa tête entre ses mains.*

Non, non. Je ne puis pas...

Mme BODINIER.

Comment faire?

AMÉLIE.

Une idée... L'avez-vous conservé dans la maison?

Mme TAVERNIER, *vivement.*

Oui, oui.

Mme BODINIER.

Ainsi, il se trouve ici?

Mme TAVERNIER.

Oui.

VICTOIRE.

(*A part.*) J'y perds mon latin. (*Haut.*) Dans votre chambre?

Mme TAVERNIER.

Oui.

AMÉLIE.

C'est impossible, nous avons tout visité!

Mme BODINIER, *prenant des mains de Victoire le portrait de M. Tavernier fils.*

Voyons, ma mère, au nom de votre fils qui vous en supplie avec nous... un dernier effort.

MME TAVERNIER, *prenant le portrait.*

Mon fils! (*Elle le porte lentement à ses lèvres.*)

MME BODINIER.

L'acte en question portait le nom de votre fils. (*Mme Tavernier fait un signe affirmatif.*) C'étaient les derniers mots qu'il ait écrits avant sa mort.

MME TAVERNIER.

Je me souviens... Je me souviens maintenant.

MME BODINIER.

Vous vous souvenez de l'endroit?...

MME TAVERNIER.

Oui, oui. Je l'ai caché.

AMÉLIE, *à part.*

Oh! mon père, tu nous sauves.

VICTOIRE.

Dites, vite, vite, madame.

MME BODINIER.

Ne vous arrêtez pas, ma mère.

MME TAVERNIER, *se levant*

Je l'ai caché... dans... dans...

MME BODINIER, AMÉLIE, VICTOIRE.

Achevez...

MME TAVERNIER.

Dans le vase que m'a donné mon fils.

AMÉLIE, *à part.*

Ah! mon Dieu.

MME BODINIER.

Le vase bleu?...

VICTOIRE.

Le vase qui se trouve dans votre chambre?

MME TAVERNIER.

Oui... dans ma chambre.

MME BODINIER.

Le seul endroit peut-être où nous n'ayons pas cherché.

VICTOIRE.

Dame! Aussi, dans un vase!

AMÉLIE, *à part.*

Je suis perdue!

MME BODINIER.

Reposez-vous, ma mère... et nous, allons nous assurer... (*Elle se dirige du côté de la chambre de Mme Tavernier.*)

AMÉLIE, *se jetant entre la porte et Mme Bodinier.*

C'est inutile, ma tante, le vase bleu n'est plus là.

MME BODINIER.

Où est-il?

AMÉLIE, *sanglotant.*

Ah! mon Dieu.

Mme BODINIER.

Quoi! Tu m'effrayes, Amélie.

AMÉLIE.

Dans un moment de colère...

Mme BODINIER.

Que dis-tu là?

AMÉLIE.

Je l'ai jeté par la fenêtre.

Mme BODINIER.

Ah! malheureuse enfant!

AMÉLIE.

Bien malheureuse, en effet.

Mme BODINIER.

Ne perdons pas la tête; peut-être peut-on le retrouver... Quand cela est-il arrivé?

AMÉLIE.

Tout à l'heure...

Mme BODINIER.

Il n'y a pas de temps à perdre. (*Désignant la fenêtre.*) Par cette fenêtre?

AMÉLIE.

Oui.
(*Mme Bodinier et Victoire se précipitent et ouvrent
la fenêtre.*)

Mme BODINIER, *regardant de tous les côtés.*

Mais, non. Rien, rien.

VICTOIRE, *regardant.*

Pas seulement une écaille.

AMÉLIE.

Il n'y a pas une demi-heure, cependant.

VICTOIRE.

On l'aura ramassé. A Paris, ça ne traîne pas long-temps.

Mme BODINIER.

Malgré tout, venez Victoire, venez; nous chercherons, nous interrogerons les voisins. Peut-être...
Ah! ciel! quel malheur!

(Se retournant vers Amélie qui lui adresse un geste suppliant.)

Pendant ce temps, vous, restez avec votre grand'mère. C'est à elle qu'il faut demander pardon.

SCÈNE V

AMÉLIE, Mme TAVERNIER.

Amélie s'assied, en avant, pendant que Mme Tavernier, immobile sur son fauteuil et comme fatiguée, s'endort peu à peu.

AMÉLIE.

Et si ce papier ne se trouve pas!.. C'est à peine si j'ose y penser. — Ah! triste papier! triste colère plutôt! Pourquoi faut-il qu'un moment de colère ait d'aussi terribles conséquences? (*S'adressant, pour*

12.

la forme, à sa grand'mère sur un ton de doux repro-che.) Pourquoi aussi, grand'mère, l'avoir mis dans ce vase?... Je le devine... ce vase est le dernier cadeau de mon père... C'est pourquoi vous l'aviez placé sur la console, bien en face de votre lit. — C'est pourquoi je vous surprenais parfois les yeux fixés sur lui et tout baignés de larmes. Sans doute vous avez pensé que le souvenir de votre fils protégerait ce dépôt précieux mieux que toutes les serrures du monde?.. Et c'est moi... moi, votre petite-fille, qui ai renversé votre ouvrage... Ah ! vous avez fait votre devoir, vous!... Il fallait se souvenir, vous vous êtes souvenue. — Il fallait parler, vous avez parlé. Dieu sait quels efforts et quelles souffrances vous ont coûté ces paroles ! Dormez en paix, grand' mère... dormez. Si vous saviez la vérité, vous mau-diriez votre petite-fille... J'entends ma tante. Ah ! mon cœur se brise... Il me semble que je vais mou-rir !...

SCÈNE VI

AMÉLIE, Mme BODINIER, VICTOIRE, Mme TAVERNIER, *endormie.*

AMÉLIE.

Eh bien ?

Mme BODINIER.

Rien !

VICTOIRE.

Rien !

Mme BODINIER.

Ce n'est pas faute de chercher cependant !

VICTOIRE.

A moins de dépaver la rue !...

AMÉLIE.

Ah ! malgré tout j'espérais !

Mme BODINIER.

Voilà un bien rude châtiment, Amélie.

VICTOIRE.

Oui, celui-là peut compter.

AMÉLIE, *pleurant.*

Mon Dieu, mon Dieu, vous m'avez donc abandonnée ?

Mme BODINIER.

Pleure, mon enfant, pleure, tu as raison; ton avenir, hélas !

AMÉLIE.

Ah ! ce n'est pas moi... (*Désignant Mme Tavernier.*) C'est elle...

Mme BODINIER.

Pauvre femme ! toi qu'elle a tant aimée !

AMÉLIE.

Mon Dieu, mon Dieu ! (*Avec résolution.*) Je travaillerai, ma tante.

Mme BODINIER

Pauvre enfant !

AMÉLIE.

Je sais coudre... Le jour, je coudrai.

MME BODINIER.

Hélas !

AMÉLIE.

La nuit, je continuerai le dessin. Je ne veux pas que ma grand-mère manque de rien. Je ne le veux pas...

VICTOIRE, *à part.*

Elle le fera comme elle le dit (*Haut.*) Bien parlé, mademoiselle Amélie, voilà qui rachète tous vos torts.

MME BODINIER.

Victoire a raison, mon enfant, du courage. Dieu, sans doute, aura pitié de toi... Allons, viens m'embrasser.

AMÉLIE, *se jetant au cou de sa tante.*

Ah ! que vous êtes bonne, ma tante!

SCÈNE VII

LES MÊMES, MME RIGAULT.

On entend un fort coup de sonnette.

VICTOIRE, *allant ouvrir.*

Qui ça peut-il être?

MME BODINIER, *à Amélie.*

Le commis de ton oncle peut-être qui devait lui envoyer aujourd'hui même...

AMÉLIE.

Ah! mon Dieu!... ah! mon Dieu.

MME RIGAULT, *dans la coulisse.*

Eh bien, oui, c'est moi... la mère Rigault... (*Entrant et désignant Victoire.*) Voyez-vous cette étonnée qui me regarde avec des yeux de l'autre monde?

MME BODINIER.

La mère Rigault !

MME RIGAULT.

Pour vous saluer, madame.

AMÉLIE, *s'avançant et tendant la main.*

Je suis bien coupable envers vous, madame Rigault; voulez-vous me pardonner?

MME RIGAULT.

Parbleu! si je le veux. Avec ça que je suis si bonne, moi!

MME BODINIER.

Nous vous avons bien cherchée, madame Rigault.

MME RIGAULT.

Je n'étais pas loin pourtant; tous les jours, je passe devant votre porte.

AMÉLIE.

Tous les jours?

VICTOIRE.

Pourquoi n'êtes-vous pas entrée alors?

MᵐᵉRIGAULT.

Je vas vous dire : faut que vous sachiez qu'il y a deux mères Rigault. Il y a la bonne, et il y a la mauvaise. Vous connaissez cela, mademoiselle Amélie?

AMÉLIE.

Hélas !

Mᵐᵉ RIGAULT.

C'est une guerre perpétuelle entre la bonne et la mauvaise. Chaque matin, au moment où je viens faire les tas...

Mᵐᵉ BODINIER, *interrompant Mᵐᵉ Rigault.*

Les tas?

Mᵐᵉ RIGAULT.

Je suis chiffonnière, madame, pour vous servir... Donc chaque matin, du bout de la rue en face, je reluquais votre fenêtre, et puis je restais là toute branlante, comme une bête, quoi ! Vas-y donc, disait la bonne mère Rigault. N'y va pas, répondait la mauvaise. C'est de braves gens, reprenait la bonne. Qui t'ont flanquée à la porte, répliquait la mauvaise...

AMÉLIE, *d'un ton de reproche.*

Oh ! la mère Rigault !

Mᵐᵉ RIGAULT.

Excusez, mademoiselle, c'est la mauvaise qui parle. Enfin de compte, c'était toujours la mauvaise qui l'emportait. Ce matin pourtant, la fenêtre était ouverte... Ah ! que je me dis, ça, c'est une occasion.

Je m'approche... j'écoute... rien. Si on te voyait, grommelait tout bas la mauvaise... si on te voyait, t'aurais l'air de revenir. Pour n'avoir pas l'air de revenir, je me mets à butiner le long du mur. Tout à coup, j'aperçois des morceaux de porcelaine... Je reconnais...

AMÉLIE.

Ciel !

Mme BODINIER.

Serait-il possible ?

M_{me} RIGAULT.

Nous autres chiffonnières, nous trouvons comme cela le long des murs plus d'une vieille connaissance. C'était le vase de la chambre de maman Tavernier. J'eus l'idée d'en rapporter les morceaux, mais je réfléchis que c'était peut-être la Victoire qui avait fait ce beau coup-là.

VICTOIRE, à part.

Merci bien !

M_{me} RIGAULT.

Et qu'il ne fallait pas, comme on dit, mettre de l'huile sur du feu... et puis, vlà la mauvaise qui se remet à grognasser : c'est l'heure où M_{me} Tavernier se lève ; elles vont se mettre à la fenêtre, les voilà ; sauve-toi... Là dessus, je détale. Arrivée à la rue du Perche, je me mets à considérer le pauvre cher vase et je réfléchis qu'il y aurait peut être moyen de le rafistoler un peu, histoire de s'en composer un souvenir.

Justement le fond avait résisté; je prends le fond dans ma main, et qu'est-ce que je découvre à l'intérieur? Je vous le donne en mille.

AMÉLIE.

Je devine.

VICTOIRE.

Bonté du ciel!

MME BODINIER.

Continuez, continuez madame Rigault.

MME RIGAULT, *tirant un papier de sa poche.*

J'aperçois ce papier. Un papier timbré... c'était grave... C'est pas la peine d'être chiffonnière si on n'est pas curieuse. Je le déchiffre comme je peux et je reconnais la quittance que le notaire de Laval avait remise devant moi à Mme Tavernier, pendant que j'étais de garde. Alors vlà la bonne mère Rigault qui reprend le dessus sur la mauvaise : Veux-tu bien aller reporter ça?— La mauvaise avait beau regimber... la bonne criait toujours : Va donc... marche donc... plus vite que ça...Au bout de l'escalier, à votre porte, il y eut encore un petit combat entre les deux mères Rigault; mais la bonne termina tout par un vigoureux coup de sonnette. Vous avez dû l'entendre? hein! Votre papier, le vlà...

AMÉLIE, *prenant les mains de Mme Rigault.*

Ah! mère Rigault, nous vous devons la vie!

VICTOIRE.

Oh! ça, bien sûr.

Mme RIGAULT.

Comment ça ?

Mme BODINIER.

Sans cette quittance... nous étions ruinées.

Mme RIGAULT.

Pas possible ! un méchant bout de papier qui n'a l'air de rien !

Mme BODINIER.

Mais, grâce à lui, notre procès est gagné. Sans lui, nous le perdions. Comprenez-vous maintenant ?

Mme RIGAULT.

C'est donc ça que la bonne faisait un tel vacarme tout à l'heure. Eh bien, pus souvent maintenant que la mauvaise aura raison. (*Se tournant du côté de Mme Tavernier.*) Et madame Tavernier ?

AMÉLIE.

Elle va mieux, elle parle.

Mme RIGAULT.

Il ne manquait plus que cela.

AMÉLIE.

Vous allez voir. (*Prenant Mme Rigault par la main et s'approchant de Mme Tavernier.*) Grand'maman, c'est la bonne mère Rigault qui vient nous rapporter la quittance.

13

MME TAVERNIER.

Oui, oui... oui.

AMÉLIE.

Voulez-vous lui donner la main, à cette bonne mère Rigault?

MME TAVERNIER, *tendant la main à Mme Rigault.*

Bonne mère Rigault.

MME RIGAULT, *essuyant une larme.*

Vlà que j'humecte, parole d'honneur!

AMÉLIE.

Et lui faire promettre de venir nous voir plus souvent.

MME RIGAULT.

Oh! tous les jours, mademoiselle Amélie, en faisant ma tournée.

MME BODINIER.

Il faut remercier Dieu qui a conduit toute cette affaire. (*Se tournant vers Amélie.*) Il n'y a plus qu'une chose à lui demander maintenant.

AMÉLIE.

Ah! je comprends, ma tante... de ne plus me mettre en colère!

FIN

FAUT-IL RIRE?

FAUT-IL PLEURER?

SCÈNE POUR DISTRIBUTION DE PRIX

MADAME RAOUL VEXIAU

Ma chère Thérèse,

Permets-moi de te dédier cette petite composition où j'ai placé des noms qui me rappellent de bons et aimables souvenirs.

J'ai la confiance qu'ils porteront bonheur à l'ouvrage tout entier.

A. DE C.

PERSONNAGE

THÉRÈSE, jeune pensionnaire.

FAUT-IL RIRE? FAUT-IL PLEURER?

SCÈNE POUR DISTRIBUTION DE PRIX.

Le théâtre représente le petit salon d'un pensionnat. — A droite, une fenêtre donnant sur le côté par lequel arrivent les parents et les invités à la distribution des prix. — A gauche, une fenêtre ouvrant sur la cour intérieure, où se trouvent les maîtresses et les élèves.[*]

SCÈNE PREMIÈRE ET UNIQUE

THÉRÈSE, *arrivant.*

Quel beau jour que celui de la distribution! Les allants, les venants, le bruit, la mêlée, le brouhaha! Moi, j'aime le brouhaha ! (*Montrant la fenêtre de droite.*) Par là ceux qui arrivent. (*Montrant la fenêtre de gauche.*) Par ici ceux qui partent. La fenêtre du départ et celle de l'arrivée. (*Regardant par la fenêtre de droite.*) Ah! l'arrivée..... c'est le curieux... La cour est balayée ! elle a l'air de sortir d'une armoire, cette cour! Et les carreaux nettoyés ! Voilà qui est extraordinaire ! Quel carnage on a dû faire de ces pauvres araignées qui vivaient cepen-

---

[*] — On peut parfaitement jouer cette scène sans décors, sur l'estrade de la distribution des prix. — Les deux fenêtres seront censées exister dans le fond ou sur les côtés, et Thérèse fera mine de regarder alternativement ar chacune d'elles.

dant bien tranquilles sur la foi des traités ! (*Elle regarde de nouveau par la fenêtre.*) J'aperçois M. Bluteau ! M. Bluteau, c'est le concierge. Je crois vraiment que M. Bluteau lui-même a passé à la lessive.
Superbe, M. Bluteau avec son gilet noisette et son
habit vert pomme. Par exemple, M. Bluteau, vous
avez le nez rouge et la tête..... un peu branlante ! On
a fait une chanson là-dessus. (*Ayant l'air de s'adresser à M. Bluteau*). Plaignez-vous donc M. Bluteau,
on vous compare à un roi de France !...

(Elle chante.)

Air : C'est le roi Dagobert.

C'est avec Dagobert
Qu'il a, dit-on, quelque concert.
On sait l'accident
Bizarre vraiment
Dont le grand Eloi
Sauva ce bon roi.
Bluteau, tout au revers
A, lui, la cervelle à l'envers.

(*Parlé.*) — On en donne encore une autre explica-
tion.

2e COUPLET.

(Elle chante.)

Le jour, la nuit, Bluteau
Entend résonner le marteau.
Le bruit est constant.
C'est à chaque instant,
Pan, pan, pan, pan, pan.
Est-il étonnant,
Que lui-même, Bluteau
Ait reçu son coup de marteau ?

(*Regardant à droite.*) Il rit.... en vérité, il rit, tout comme s'il m'avait entendue (*Se dirigeant vers la fenêtre de gauche.*) Il rit et on pleure de ce côté. Je vois là-bas, près de la grille, une pauvre femme qui tient par la main ses deux petits enfants et qui regarde tristement, bien tristement, les préparatifs du départ. Ah ! c'est que tous les jours, à la récréation, nous lui passons le reste de notre pain et quelquefois une petite part de notre dessert. Pendant les vacances plus rien. Ah ! ce n'est pas celle-là qui a inventé les vacances !

(*Elle chante.*)

Air *de Fortunio.*

Triste comme les hirondelles,
   Quand le printemps
S'enfuit, rapide, à tire d'ailes,
   Pour les autans,
Dans les yeux de la pauvre mère,
   Je vois, hélas !
Une déchirante prière.....
   Ne pleure pas.

Ne pleure pas... le temps funeste.
   S'écoulera.....
Ne pleure pas, car Dieu te reste,
   Dieu veillera.
Dieu qui nourrit toute la terre,
   Petits et grands,
C'est lui qui servira de père
   A tes enfants.

(*Regardant de nouveau par la fenêtre de gauche.*)

Voici tout un flot de nouvelles larmes... Une triste

13.

cérémonie : la cérémonie des derniers adieux...
Louise et Isabelle vont faire leur entrée dans le monde.
Voilà, paraît-il, une chose effrayante, faire son entrée dans le monde... J'ai entendu dire qu'il existe
beaucoup de rapports entre une jeune fille qui fait
son entrée dans le monde et un soldat qui voit le feu
pour la première fois. Ah ! mes chères amies, que
Dieu vous dirige au milieu de la bataille et vous accorde le prix du combat.

J'entends des cris de joie... ce sont les anciennes qui
reviennent pour la distribution, histoire d'embrasser
leurs vieilles amies et de montrer leurs nouvelles
toilettes.

Comme on s'embrasse ! Comme on se regarde et
comme on babille !

(Elle chante.)

Aıɪ : Mon ami Vincent.
(Faisant comme si elle présentait l'une à l'autre les
jeunes personnes dont elle parle.)

Madame du Gros-Chignon...
Madame de la Dentelle...
La comtesse du Chiffon...
Marquise de Brocatelle...
L'élégant veston ! quel chapeau coquet !
Les ravissants gants ! le joli bouquet !
Que vous êtes bien ! que vous êtes belle !
Ah ! Ciel que de grâce ! et vous... que d'attraits !
On dirait vraiment, vraiment je croirais
Que la mode ici tiendra son congrès...

(Regardant encore du coté gauche.)
Ah ! Marguerite qui coupe les fleurs de son jardin...

Elle a tort... les fleurs coupées, c'est comme le souvenir des absents... Ça passe, ça passe et bientôt il n'en reste plus rien.

Non, je ne couperai pas mes fleurs... J'emporterai mon jardin tout entier avec les fleurs, les feuilles, les racines et de la terre autour.

Je me doute un peu, par exemple, de ce que papa me dira :

(Simulant une grosse voix.)

Qu'est-ce que c'est, qu'est-ce que c'est que ce déménagement ?

(Reprenant sa voix naturelle.)

Mais, mon papa, je t'assure que je tiens à ces fleurs.

(La grosse voix.)

Bah ! tu en trouveras d'autres à la maison.

(Voix naturelle.)

Mon petit papa, est-ce que tu laisserais, toi, ta petite fille à la pension, sous le prétexte qu'il y en a d'autres à la maison?

Après cela, si papa n'est pas convaincu!...

(On entend sonner un quart.)

Onze heures un quart ! allons adieu l'horloge... adieu la cour... adieu la classe... adieu, adieu la petite pièce à côté... La petite pièce à côté, c'est le cabinet noir pour les grandes coupables, pour celles qui font un pinçon à leurs compagnes ou qui tirent la langue à leurs maîtresses. *(On entend un bruit de pas et de voix du côté droit.*) Mon Dieu, quelle rumeur!... serait-ce le père Bluteau qui?...

(*Regardant.*)

Non, c'est dans la rue.,. une pauvre petite fille en haillons que deux gendarmes entraînent... en prison sans doute?... Mais cette prison-là n'est pas comme la nôtre, qui s'ouvre si facilement lorsque nous avons prononcé ce mot magique : je ne le ferai plus...

(*Regardant du même côté.*)

Pauvre petite... peut-être n'a-t-elle pas été en pension, elle? peut-être même n'a-t-elle jamais connu ses parents? Ah! comme nous devons remercier Dieu qui nous a donné une bonne mère et de vertueuses maîtresses!

(*Elle chante.*)

Air : *Cours mon aiguille dans la laine...* (des *Noces de Jeannette.*)

Refrain.

Accordez-nous, ô notre père,
De toujours écouter les voix,
Qui, dans cet abri tutélaire,
Nous enseignent vos saintes lois.
Exaucez, mon Dieu, ma prière !

Ah! sans doute la pauvre fille,
Qui vient de passer près de nous,
Ne connût pas les noms si doux
De papa, de maman, n'a pas eu de famille !
Accordez-nous, etc...

2º COUPLET.

Près d'elle, une digne maîtresse
N'a pas mis tout son dévouement,
Déployé l'art le plus charmant,
Pour cultiver son cœur, pour former sa sagesse.
Accordez-nous, etc...

(*Regardant par la fenêtre de gauche.*)

Toutes les cages de la pension sont descendues dans la cour et placées sur un rang le long de la grille.

Il faut vous dire que c'est une tradition : chaque année, le jour des vacances, un quart d'heure avant de quitter la maison, on rend la liberté à tous les prisonniers. Le moyen, quand on passe soi-même au travers des barreaux, de laisser derrière soi ses compagnons de captivité ! (*Regardant du même côté.*) Comme ils s'envolent, les petits ingrats ! Non, le chardonneret de Valentine hésite un peu... il regarde tour à tour les arbres et sa maîtresse... C'est qu'elle est si bonne, sa maîtresse !

Partira-t-il ? ne partira-t-il pas ? il part, il est parti.

Ah ! mon Dieu ! il s'envole par là, du côté de notre village ! Il sera arrivé avant moi, le misérable !

Mais, j'y pense ! Il va peut-être rencontrer sur la route papa et maman qui se rendent à la distribution... Si je le chargeais de mes compliments pour eux !

(*Elle chante.*)

Air de la *Lettre de la cousine à son cousin*. (Musique de
Ch. Lecoq.)

Tu rencontreras sur la route,
Rempli de monde, un char-à-banc

Dirigé par papa, sans doute
Et tiré par un cheval blanc.
Ce cheval, qu'on nomme Jonquille,
Depuis vingt ans, nous appartient ;
Il est presque de la famille.
Près de lui trotte un petit chien.
Ce cher toutou frétille d'aise,
En pensant qu'il va me revoir,
Et si Jonquille un peu s'apaise,
Azor le rappelle au devoir.
Vers eux, petit oiseau, prends ton vol aérien,
Et dis-leur, ah ! dis-leur que je les aime bien.

Près de papa, sur la banquette,
Tu verras la vieille Nanon,
Puis, dans sa plus belle toilette,
Bibi, Coco. C'est son surnom !
C'est moi qui vais, cher petit frère,
Te faire apprendre tes leçons,
L'arithmétique et la grammaire,
Puis un baiser, si tu réponds.
Enfin tu vois, dans la voiture,
Briller deux larmes par moment,
Une aimable et sainte figure,
Tu la reconnais... c'est maman...
Vers eux, petit oiseau, prends ton vol aérien,
Et dis-leur, ah ! dis-leur que je les aime bien.

(Parlant.)

Que de monde ! Qué de bruit !

(Prêtant l'oreille.)

Eh bien, il me semble, qu'au milieu de tout ce tapage, il y a une voiture qui roule plus doucement que les autres voitures ; un cheval qui trotte plus gentiment que les autres chevaux.

J'entends... J'entends surtout une tendre voix qui

efface toutes les autres et qui m'arrive là,... au cœur.

(On entend sonner les 3/4.)
(Avec emphase.)

Voilà le moment solennel! Entrrrrez... messieurs, mesdames... Entrrrrez.... on va commencer...

(Regardant à gauche.)

Où ai-je la tête? J'oublie de dire adieu à Mme Amélina ; l'excellente Mme Amélina, qui s'en va pour ne plus revenir.. .Justement celle que je préférais... D'ailleurs, c'est toujours ainsi... c'est toujours celle qui part, qu'on aime le mieux.

Ah! comme on va pleurer!...

(Regardant et indiquant la fenêtre de droite.)

Ah ! comme on va rire !
Au fait, faut-il rire, faut-il pleurer?

(Elle chante.)

Air : *Te souviens-tu.*

(Désignant la gauche.)

Hélas, par là, nos bien chères maîtresses,

(Désignant la droite.)

De ce côté, nos papas, nos mamans.

(Désignant la gauche.)

On se sépare! Adieux pleins de tristesse!

(Désignant la droite.)

On se retrouve. Ah! quels bonjours charmants!
Mais, dans un mois, un mois! on nous ramène.

(Désignant la droite.)

Par là, les pleurs,

(Désignant la gauche.)

Et par là, la gaîté.

(S'avançant vers le public.)

On dit qu'ainsi le plaisir et la peine
Changent souvent ici-bas de côté ! (*Bis.*)

FIN

RUTH ET NOÉMI

DRAME BIBLIQUE EN DEUX ACTES

PERSONNAGES

NOÉMI.
RUTH   } belles-filles de Noémi.
ORPHA }
UNE FEMME JUIVE.
BELLAH } jeunes filles juives.
MAOUR }
HÉGLA, fille de Booz.
DEUX AUTRES FILLES DE BOOZ.
MOISSONNEUSES.

RUTH ET NOÉMI

DRAME BIBLIQUE EN DEUX ACTES

ACTE PREMIER

La scène se passe dans la demeure de Noémi, au pays de Moab. Une ouverture au fond. Deux autres ouvertures sur les côtés, une à droite, donnant à l'occident, l'autre à gauche, donnant à l'orient. — Lorsque le rideau se lève, Ruth est assise à droite, Orpha à gauche. *Toutes les deux regardent au dehors et semblent plongées dans une sorte de rêverie. — Un long bâton, une gourde et un manteau de couleur sombre sont accrochés à la muraille.

SCÈNE PREMIÈRE

RUTH, ORPHA.

ORPHA.

O mon cher torrent d'Arnon !

RUTH.

La mer de sel brille au loin comme un miroir.

ORPHA.

O Arnon, comme les hauts palmiers protègent bien ton cours agité ! D'ici, j'entends le murmure de tes eaux turbulentes. Je vois les lys sauvages et les ané-

---

* Les sièges devront être autant que possible en bois. Les images qu'on trouve dans toutes les bibles donneront une idée exacte de la forme des coiffures et des vêtements.

mones légères s'incliner au passage du flot joyeux qui a traversé ma patrie.

RUTH.

Tes rivages désolés, ô mer redoutable, ne supportent que de rares sycomores et des sapins sans feuillage. Un nuage d'épaisse fumée sort de tes ondes, et la cime dénudée des monts plane sur toi comme un monument de la colère divine. Tout est silencieux et triste sur tes bords.

ORPHA, *toujours regardant du côté de l'orient.*

Arnon, en remontant ton cours, on parvient à Moab.

RUTH, *regardant du côté de l'occident.*

En traversant tes flots, on aborde à la terre d'Israël.

ORPHA.

Moab, ma patrie, où ont vécu mes ancêtres, où demeurent mes parents, mes amis, tous les miens...

RUTH.

Israël, pays béni du Dieu grand et terrible qu'adore notre mère Noémi.

ORPHA.

Quand te reverrais-je, ô Moab?

RUTH.

Te verrais-je, ô Israël?
(*Se tournant vers Orpha.*) Ne trouvez-vous pas, ma sœur, que notre mère tarde bien à revenir?

ORPHA.

Lui serait-il arrivé malheur? Hélas! ses forces di-
minuent de jour en jour.

RUTH.

Les chagrins... les regrets.

ORPHA.

Plus encore que les années, c'est vrai.

RUTH.

Il est peu de vies plus éprouvées que la sienne : la
famine la chassant hors de la Judée, sa patrie — son
mari et ses deux fils nos époux, mourant l'un après
l'autre sur la terre étrangère — seule, exilée, malade... Malgré notre tendresse et nos soins, Orpha,
nous ne pouvons remplacer les absents.

ORPHA.

Pauvre Noémi! Si du moins elle se résignait à son
sort... Mais non... sa pensée est ailleurs.

RUTH.

Noémi est la femme du devoir, ma sœur.

ORPHA.

De quel devoir voulez-vous parler?

RUTH.

Vous n'ignorez pas qu'une promesse divine l'attend
de l'autre côté du lac.

ORPHA.

Oui, je sais qu'il existe une tradition fameuse dans

la famille. Mon époux, comme le vôtre, aimait à la rappeler. De cette maison doit sortir un homme illustre, qui sera le premier de tous. Mais peut-on ajouter foi à une légende que tout réfute et que tout dément?

RUTH.

Ah! si Noémi vous entendait, ma sœur !

ORPHA.

Mais c'est à vous que je m'adresse, à vous, née de Moab comme moi, et qui n'avez pas de racines en Israël. Comment cette mystérieuse promesse pourrait-elle recevoir son accomplissement? Elimelech, le chef de la famille, est mort; Mahalon, son fils aîné, est mort ; Chélion, son second fils, est mort. De toute la famille, il ne reste qu'une vieille femme de près de cent ans, qui, elle-même, touche à sa dernière heure.

RUTH.

Noémi vous répondrait, ma sœur, que tout puissant est son Dieu et que les desseins de ce Dieu sont impénétrables.

ORPHA.

Taisons-nous, ma sœur, car la voici qui arrive en tremblant. A peine peut-elle se soutenir, cette pauvre vieille femme qui prétend que des destinées glorieuses l'attendent en Israël!...

SCÈNE II

LES MÊMES, NOÉMI.

NOÉMI.

Je me suis attardée, mes filles...

ORPHA, *indiquant le côté de l'occident.*

Vous avez fait votre promenade habituelle.

NOÉMI.

Oui, un soleil éclatant, celui de Josué sans doute, illuminait l'horizon. Du haut de la colline, j'ai cru voir au loin, comme une ombre bien chère qui se baignait dans les flots, de l'autre côté du grand lac... j'ai reconnu Chanaan. — Je suis demeurée à contempler la terre promise...

RUTH.

Ma bonne mère, il faut avoir confiance.

ORPHA.

Il faut surtout ne pas vous chagriner... inutilement... Ne vous trouvez-vous pas bien dans cette maison, toute pleine des souvenirs de votre époux et de vos enfants, entre les deux femmes auxquelles vos chers défunts ont laissé le soin de veiller sur vous?

NOÉMI.

Vous ne pouvez comprendre, Orpha, les devoirs que Dieu impose à son peuple. Pour nous il n'est pas de joies, pas de repos tant que notre mission n'est pas accomplie. Ma mission est de retourner en Israël.

ORPHA.

Quoi ! malgré votre âge... malgré les fatigues et les dangers d'un si pénible voyage...

NOÉMI.

Dieu m'assistera.

RUTH.

Et quand saurons-nous, ma mère, que le moment est arrivé ?...

NOÉMI.

Dieu, m'éclairera.

(On entend frapper quelques coups au dehors.)

ORPHA, *qui a regardé au fond...*

Je vois, ma mère, une pauvre femme qui s'est arrêtée au seuil de cette maison.

NOÉMI.

Allez recevoir, ma fille, le visiteur que Dieu nous envoie. *(Orpha sort.)*

SCÈNE III

LES MÊMES SANS ORPHA.

RUTH, *faisant asseoir Noémi.*

Ma bonne mère, reposez-vous ici : une si longue course et une aussi vive émotion vous ont fatiguée, sans doute ?

NOÉMI.

Pauvre Ruth, tu as été ma meilleure consolation

dans les épreuves. Toi seule m'as aimée comme je veux être aimée et m'as comprise comme je veux être comprise. Sans toi, bien souvent, j'eusse cru que Dieu s'était retiré de moi.

SCÈNE IV

LES MÊMES, ORPHA, UNE JUIVE.

ORPHA.

C'est une vieille femme qui arrive de Judée, ma mère.

NOÉMI, *vivement.*

De Judée, dites-vous, de Bethléem peut-être ?

LA JUIVE.

Non, mais de Labana qui se trouve près du pays des Amalécites. Je n'ai pu compter les jours déjà écoulés depuis mon départ et j'ai cru vingt fois que je resterais en route. — J'étais près de défaillir en arrivant en ce pays et déjà j'accusais le Seigneur, quand j'ai aperçu les dix paroles de la loi, inscrites sur votre porte, suivant la coutume des Hébreux. J'ai eu tort de douter de la bonté divine.

NOÉMI.

Soyez la bienvenue parmi nous, ma sœur; et où allez-vous ?

LA JUIVE.

Dans le pays des Ammonites, pour racheter mon fils qui a été fait prisonnier dans la dernière guerre.

NOÉMI.

La dernière guerre, dites-vous ? Notre pays, après les tourments de la famine, a-t-il connu les horreurs de la guerre ?

LA JUIVE.

. La famine et la guerre ont passé sur lui, comme le vent qui secoue les arbres des forêts pour en faire tomber la bonne semence. Israël a courbé la tête. Israël s'est repenti et la paix et la prospérité règnent aujourd'hui dans son sein.

NOÉMI.

Serait-il possible ?

LA JUIVE.

Le Seigneur a eu pitié de son peuple, et, comme pour humilier les guerriers et les sages qui l'avaient offensé, c'est à une femme qu'il a confié la noble mission de la délivrance.

NOÉMI.

A une femme... à une femme ! ô Seigneur, je le savais, que les plus faibles instruments deviennent des leviers puissants entre tes mains souveraines.

LA JUIVE.

Le nom respecté de Debora n'est-il pas parvenu jusqu'à vous ?

NOÉMI.

Non, hélas ! voilà bien des années que je suis absente de la patrie !

LA JUIVE.

Déjà le peuple juif avait décerné le pouvoir à cette femme admirable qui, inspirée de Dieu, ramena en Israël l'ordre et l'abondance... Nous commencions à oublier nos malheurs, quand, soudain, un ennemi terrible et puissant fond sur nous... Le roi des Chananéens envahit le pays avec une armée nombreuse et tout cède devant les bataillons triomphants de son général Sisara.

NOÉMI.

O mon Dieu ! quand aurez-vous fini de châtier vos élus?

LA JUIVE.

Dans le corps d'une femme, Débora cache l'âme d'un héros. Elle appelle son peuple sous les armes et elle choisit pour le conduire le vertueux Barac. Mais Barac ne veut pas livrer bataille sans que Débora elle-même soit présente pour invoquer l'appui du Dieu des armées dont elle est la prêtresse. Qui peut résister à ce Dieu redoutable? Les Chananéens et leurs alliés furent taillés en pièces et, grâce à Débora, la paix, un instant troublée, refleurit en Israël. Quelques tristes familles seulement, qui ont sans doute mérité, par leurs fautes, la colère divine, pleurent encore la perte de leurs enfants... Hélas !... comme je le fais en ce moment... Comme vous-même, peut-être...

NOÉMI, *l'interrompant et avec l'accent
de l'enthousiasme.*

Oui, j'ai été éprouvée... autant que vous... plus
que vous... Mais Dieu qui fait succéder le jour éclatant aux ombres funestes de la nuit, Dieu m'indique
en vous entendant, qu'il est temps de sécher mes
larmes.

LA JUIVE.

Dieu vous seconde, ma sœur.

NOÉMI.

Vous êtes, sans le savoir, la voix que j'attendais,
le signe après lequel je soupire depuis de longues
années. — Ah! soyez la bienvenue... Mes filles vont
se charger de vous offrir des rafraîchissements et
de vous fournir des provisions pour continuer votre
route... Bientôt une autre main que la vôtre s'ar-
mera du bâton du pèlerin. Adieu, ma sœur, Dieu vous
garde... Allez mes filles.

(*La Juive sort accompagnée et soutenue par Ruth
et Orpha.*)

SCÈNE V

NOÉMI, *seule.*

Une femme a sauvé Israël! Il est donc bien vrai,
ô mon Dieu, que toi seul es puissant et que les cal-
culs humains sont des jeux pour ta sagesse infinie!
Une femme a sauvé Israël et j'hésiterais encore à
suivre les inspirations qui me viennent de toi, ô

volonté suprême!... Qu'importe la vieillesse! Qu'importent la longueur du voyage et les aspérités du chemin, si, de même que tu as combattu avec Débora, tu marches avec Noémi. O mon Dieu, je n'attendrai pas un jour, pas une heure pour répondre à ta voix qui m'appelle... Adieu, humble logis, témoin de mes douleurs, arrosé si souvent de mes larmes. Adieu, terre d'exil, qui nous a fourni le pain et l'abri qu'Israël nous avait refusés... Adieu surtout mes filles, vous qui avez porté dignement le nom de mes enfants. Quant à vous, chères et nobles dépouilles, que je laisse en terre étrangère, ô mon époux! ô mes fils! reposez dans la paix du Seigneur. C'est votre esprit qui m'anime. C'est à l'honneur de votre nom et à la gloire de votre patrie que je vais consacrer mes dernières forces.

SCÈNE VI

NOÉMI, ORPHA.

ORPHA.

Ma mère.

NOÉMI, *comme surprise.*

Orpha.

ORPHA.

Ah! je l'avais bien pensé... Vous vous préparez à partir.

NOÉMI.

C'est la vérité.

ORPHA.

Souffrez, ma mère, que je vous supplie de nous épargner une aussi pénible séparation.

NOÉMI.

Dieu le veut ainsi, ma fille.

ORPHA.

Quel est donc ce Dieu cruel qui impose à une femme âgée et infirme des fatigues devant lesquelles les plus forts reculeraient?

NOÉMI.

C'est le Dieu qui change à son gré la faiblesse en force et la timidité en courage.

ORPHA.

Quel est ce Dieu qui veut séparer une mère de ses enfants?

NOÉMI.

C'est le Dieu qui donne une terre à son peuple et qui réserve à ses élus une patrie impérissable.

ORPHA.

Auriez-vous eu à vous plaindre de Ruth ou de moi?

NOÉMI.

Non, mes filles. Mes propres enfants ne se sont montrés ni plus attentifs, ni plus affectueux que vous, vous que l'alliance seule avait attachées à ma maison.

ORPHA.

Les filles de Juda pourront-elles nous remplacer près de vous?

NOÉMI.

Au milieu même de Juda, je garderai votre souvenir gravé dans mon cœur, à côté de celui de mes deux fils. J'aimerai à les rapprocher et à les confondre.

(*Noémi prend les mains d'Orpha.*)

ORPHA.

Ah! je le vois, vous vous attendrissez. Peut-être ce funeste projet...

NOÉMI, *l'interrompant.*

Non, Orpha, mon cœur ne faiblira pas. Apprenez de moi qu'il faut placer le devoir avant toutes les considérations humaines.

ORPHA.

Qui vous accompagnera?... qui vous soutiendra? Ruth et moi, si vous le vouliez, serions prêtes à vous suivre...

NOÉMI.

Non, ma fille, car c'est votre affection pour moi, qui, seule, vous inspire en ce moment...

ORPHA.

Eh bien, ma mère?

NOÉMI.

Eh bien, le Dieu que je sers exige un dévouement

plus haut... C'est à lui, à lui seul qu'il faut consacrer son amour et sa volonté.

ORPHA.

Que deviendrons-nous en vous perdant ?

NOÉMI.

Vous retournerez dans votre famille, dans votre pays, dans ce Moab, dont l'image, je le sais, est restée vivante en votre mémoire. Je ne vous en blâme pas. Si Dieu ne vous a pas appelée à une vocation supérieure, il vous a accordé des qualités aimables qui feront le charme de tous les vôtres.

ORPHA.

O ma mère, je n'oublierai jamais vos salutaires le-çons.

NOÉMI.

De mon côté, je prierai mon Dieu pour vous, Orpha, et je demanderai à ce Dieu unique et bon de faire fructifier la semence que j'ai déposée dans votre cœur. Adieu, ma fille, je vous bénis... (*Elle étend les mains au dessus de la tête d'Orpha. Orpha, après s'être inclinée, se jette dans les bras de Noémi.*)

ORPHA, *se disposant à sortir.*

Adieu, adieu ma mère. Je vais prévenir Ruth de venir, elle aussi, vous embrasser une dernière fois.

NOÉMI, *avec empressement.*

Non, ne prévenez pas Ruth, je vous le demande... je vous l'ordonne.

ORPHA, *étonnée.*

Comment, vous partiriez sans voir Ruth... sans lui permettre...

NOÉMI, *l'interrompant.*

Ruth, vous le savez, est entrée la dernière en cette maison. Un vieillard s'attache de préférence aux jeunes. Puis, pardonnez-moi cet aveu... il existait, entre elle et moi, une sympathie particulière, je me trompe, une simple concordance qui me la rendait plus chère. Pendant que vous parliez avec une ardeur fort naturelle de Moab et de ses joies, c'était elle qui me ramenait sans cesse à Israël et à ses malheurs... Non, je ne verrai pas Ruth. Tout est à craindre, hélas! de la faiblesse humaine et c'est déjà bien assez d'avoir affronté ces pénibles adieux. Allez, ma fille, Dieu vous garde. (*Orpha sort en pleurant.*)

SCÈNE VII

NOÉMI, *seule.*

(*Elle reste un instant plongée dans le recueillement; puis, tout d'un coup elle prend le bâton et la gourde de pèlerin suspendus à l'une des parois, jette sur ses épaules un ample manteau et s'apprête à partir.*)
Je pars sans voir ma Ruth bien-aimée, celle qui a partagé mes douleurs et mes espérances, celle en qui je me suis complue, la fille selon mon cœur. O Dieu terrible, Dieu du sacrifice, Dieu d'Abraham et

d'Isaac, es-tu content de moi? A toi, à toi seul, j'appartiens désormais.

SCÈNE VIII

NOÉMI *sur le point de sortir*, RUTH.

NOÉMI.

Ruth! ô Dieu, quelle épreuve!

RUTH.

Je ne viens pas pour vous retenir, ma mère.

NOÉMI.

Que dis-tu?

RUTH.

Ah! je suis fière du rôle qui vous est destiné.

NOÉMI.

Je te reconnais, ma fille bien-aimée.

RUTH.

Ne m'avez-vous pas préparée depuis longtemps à ce moment solennel? Ici même, ne m'avez-vous pas mille fois charmée au récit des merveilles que Dieu a opérées en faveur de son peuple? Ne m'avez-vous pas enseigné que ce Dieu de vérité n'a jamais failli à ses promesses?

NOÉMI.

Jamais...

RUTH.

Parmi ces promesses, il en est une qui nous a fait

tressaillir de bonheur et d'espoir... C'est pour qu'elle puisse s'accomplir, ma mère, que vous prenez le bâton du pèlerin.

NOÉMI.

Tu serais du sang de Juda, Ruth, que tu ne parlerais pas autrement.

RUTH.

Voilà la parole que j'attendais, ma mère.

NOÉMI.

Pourquoi, ma fille ?

RUTH.

Pour partir avec vous... pour me rendre, moi aussi, dans ma nouvelle patrie.

NOÉMI, *tristement.*

Ruth... ma fille... tu n'y songes pas.

RUTH.

Nous ne nous séparerons plus.

NOÉMI.

Je le voudrais... mais, ma fille... cette terre qui t'a vu naître... ce peuple qui t'appelle... tes dieux si différents du mien.

RUTH.

Votre terre sera ma terre, votre peuple sera mon peuple, votre Dieu sera mon Dieu.

NOÉMI.

Seigneur... Voilà déjà la récompense !

RUTH, *regardant en dehors.*

Regardez de ce côté, ma mère... Le soleil entoure d'une auréole de feu la cime des montagnes qui nous ouvrent le chemin de la Judée... Il me semble voir la colonne lumineuse qui précédait nos pères à l'entrée de la Terre promise.

NOÉMI, *s'appuyant sur Ruth.*

O terre promise ! ô Chanaan ! ô contrées bénies du ciel ! je vous aborderai avec joie et 'avec fierté, puisque je vous amène une nouvelle fille digne de vous !

(Fin du premier acte.)

ACTE DEUXIÈME

La scène représente une route des environs de Bethléem. Sur un des côtés, un groupe de palmiers ou d'oliviers.* Au deuxième plan, des gerbes et quelques instruments aratoires.

SCÈNE PREMIÈRE

NOÉMI, RUTH.

Au lever du rideau, elles sont assises sous les arbres.

NOÉMI.

Sans toi, ma bonne Ruth, je serais morte, sans doute, de fatigue et de besoin.

RUTH.

C'est Dieu qui vous a soutenue, ma mère.

NOÉMI.

Je sens qu'il me serait impossible d'aller plus loin aujourd'hui, et cependant, autant que mes yeux affaiblis peuvent s'en rendre compte, je crois reconnaître les environs de Bethléem.

* S'il paraît impossible de composer un décor qui représente un palmier (ce décor s'établira cependant aisément avec du papier vert découpé et collé sur du carton), on supposera que le palmier se trouve dans la coulisse, et toutes les fois qu'on en parle, on indiquera par un geste le côté où il est censé exister.

RUTH.

Nous voilà donc bientôt au but.

NOÉMI.

Je me demande si j'aurai la force d'y parvenir.

RUTH.

Dieu ne vous laissera pas échouer en vue du port.

NOÉMI.

J'ai la fièvre, j'ai soif.

RUTH, *tendant une gourde à Noémi.*

Buvez ce peu de cervaise *; hélas ! tout ce qui nous reste.

NOÉMI.

Mais toi, Ruth ?

RUTH.

Oh ! moi, je n'ai pas la fièvre.

NOÉMI, *après avoir bu.*

Que de fois, pendant la marche, n'as-tu pas rempli le même office auprès de la vieille infirme ? Tombait-elle défaillante et découragée ? tu la relevais par tes soins et par tes paroles.

RUTH.

Il suffisait alors de vous rappeler l'histoire des lieux fameux que nous apercevions au passage. Vous vous redressiez toute remplie d'une énergie divine. C'était le viatique infaillible.

* Boisson usitée chez les Juifs.

NOÉMI.

Nous saluions avec tant de bonheur ces souvenirs magnifiques.

RUTH.

C'était comme une série de consolations sublimes que Dieu avait échelonnées le long de notre route. Voici d'abord le mont Nébo ; du haut de son sommet escarpé, Moïse entrevit ces terres tant désirées, dont l'entrée lui était interdite. O Seigneur, vous écriâtes-vous, les plus puissants génies et les êtres les plus infimes sont égaux devant ta justice. Moïse fut puni pour avoir un instant douté de ta parole, et nous, pauvres femmes, parce que nous avons mis en toi toute notre confiance, plus heureuses que le législateur de ton peuple, nous verrons la Terre promise.

NOÉMI.

Terre de miel et de lait, disaient nos pères.

RUTH.

Bientôt nous apercevons le grand fleuve, ce Jourdain majestueux et rapide, dont les flots inspirés se retirèrent jadis pour laisser passer le peuple de Dieu. Avec quel empressement nous nous rafraîchîmes dans ses eaux sacrées et avec quelle ferveur nous fîmes les ablutions recommandées par la loi !

NOÉMI.

J'étais sortie comme vivifiée par cette sainte aspersion.

RUTH.

Nous arrivons enfin devant des ruines grandioses et terribles ; nous reconnaissons la ville aux fortes murailles qui arrêta Josué. Il nous sembla que l'air y résonnait encore sous l'écho lointain des trompettes de Jéricho, et cette pieuse illusion ranima nos courages.

NOÉMI.

Comme nos pères, nous rencontrâmes à Jéricho une autre Rahab, qui nous offrit une généreuse hospitalité.

RUTH.

Il ne nous reste plus qu'à connaître Bethléem, cette cité patriarcale, dont vous m'avez tant de fois entretenue et à laquelle la tradition attache un si grand avenir.

NOÉMI.

Hélas ! pourrais-je y arriver ? De ce côté, cependant, tu devrais apercevoir les premières maisons de la ville.

RUTH, *regardant.*

Je ne vois que des champs immenses, tout remplis de beaux épis dorés, qui se balancent au soleil.

NOÉMI.

En effet, c'est le temps de la moisson des orges.

RUTH, *même jeu.*

De toutes parts, des gerbes entassées, des chariots

pleins jusqu'aux bords et des troupes de moissonneurs qui se mettent gaiement à la besogne.

NOÉMI.

Quelle différence, grand Dieu ! avec ces champs
dévastés que nous quittâmes jadis.

RUTH.

Pendant que vous reposez, ma mère, j'ai idée de
suivre ces moissonneurs. Leur maître me permettra
sans doute de glaner sur leurs pas et je recueillerai
quelques épis que nous ferons griller pour notre repas
du soir.

NOÉMI.

Va, ma fille... je suis incapable, hélas ! de t'accompagner et de t'aider. Dieu t'assiste, ma fille !

RUTH.

Dieu vous garde, ma mère ! (*Elle sort.*)

SCÈNE II

NOÉMI, *seule.*

O ma chère Ruth, que ta moisson soit fructueuse !
Que Dieu fasse tomber pour toi les épis les plus
mûrs, les gerbes les plus fournies. Pour moi, hélas !
tu n'auras bientôt plus à recueillir que les aromates
et les parfums dont on entoure ceux qu'on a déposés
dans leur dernière demeure. Avant de mourir, cependant, j'eusse voulu te présenter à ceux de nos
parents qui résident encore à Bethléem ! Peut-être

le souvenir d'Élimélech et celui de la vieille Noémi ne sont-ils pas éteints dans tous les cœurs? Ah ! je ne me suis pas encore sentie aussi faible, aussi épuisée... des images étranges passent devant mes yeux... je suis en proie à une fièvre brûlante. Seigneur, Seigneur, ayez pitié de moi.

SCÈNE III

NOÉMI, BELLAH, MAOUR.

Bellah porte sur l'épaule une amphore pleine d'eau. Maour la suit avec un gros bouquet de fleurs des champs. Bellah et Maour s'arrêtent en apercevant Noémi.

BELLAH.

Plus bas Maour, ne réveillons pas cette pauvre femme.

MAOUR.

Mais elle ne dort pas... Elle a plutôt l'air de souffrir.

BELLAH.

Effectivement... Si nous approchions...

MAOUR.

Il faut toujours secourir son prochain.

BELLAH, *plaçant son urne à terre.*

Tu as raison. Eh bien, je pose mon urne ici ; prends bien garde de la heurter Maour, car la fontaine se trouve loin et je n'aimerais pas à y retourner.

MAOUR.

Pauvre femme ! Aussi, voilà ce que c'est que d'être vieux !

BELLAH, *s'adressant à Noémi.*

Avez-vous besoin de notre assistance?

MAOUR.

Nous ne sommes pas riches, par malheur !

BELLAH.

Vous souffrez, n'est-ce pas ?

MAOUR.

Où souffrez-vous, bonne mère ?

NOÉMI.

J'ai soif.

BELLAH, *allant chercher son amphore.*

Voici de l'eau de la fontaine des Beaumiers ; c'est une eau salutaire, qu'on va puiser de tous les environs... Buvez-en un peu... cela vous fera du bien.

MAOUR.

Je vais vous soutenir, moi.

(*Maour entoure Noémi de son bras droit, pendant que Bellah lui présente l'amphore. Cette scène devra être combinée de manière à former tableau.*)

NOÉMI, *après avoir bu.*

Je me sens mieux.

BELLAH.

Ah ! j'en étais bien sûre.

NOÉMI.

Braves jeunes filles !

MAOUR.

Oh ! la bonne, l'excellente femme !

NOÉMI.

Je ne suis pas loin de Bethléem, n'est-ce pas ?

BELLAH.

A quelques milles, seulement ; voici le champ de l'héritage de Booz.

NOÉMI, *se redressant*

De Booz, dites-vous ?

BELLAH.

Oui, vous le connaissez ?

MAOUR.

Un homme grand et fort.

BELLAH.

D'un âge respectable.

MAOUR.

Et bon !

BELLAH.

Et généreux !

MAOUR.

Et riche !... ce qui ne gâte rien.

BELLAH.

C'est un des anciens qui gouvernent la ville.

MAOUR.

Aussi chacun le salue quand il passe.

BELLAH.

Et mieux encore, chacun l'aime.

MAOUR.

Ah ! heureux ceux qui sont ses parents et ses amis !

BELLAH.

Maour, tu fatigues cette pauvre femme.

MAOUR.

Je parle moins que toi.

BELLAH.

Elle a besoin de calme... Retirons-nous.

MAOUR.

Encore un moment... tu lui as donné à boire, toi...,
je veux aussi lui offrir quelque chose.

BELLAH.

Que peux-tu lui offrir ?

MAOUR.

J'ai mon idée. (*Elle s'approche de Noémi et dépose
son bouquet auprès d'elle.*) Bonne mère, veuillez ac-
cepter ces fleurs des champs. Je les ai cueillies
une à une et attachées avec une belle liane de
palmier. Au milieu, j'ai glissé une branche de cu-
min pour parfumer celles qui n'ont point de parfum.
Ce petit bouquet, c'est tout ce que je possède ; mais

ces fleurs, du moins, réjouiront vos pauvres yeux qui ont beaucoup pleuré sans doute.

NOÉMI.

Merci, merci, mes enfants, que le Seigneur vous bénisse !

MAOUR.

Maintenant, je suis prête.... Je t'attends.

BELLAH, *à Noémi.*

Au revoir, ma sœur.

MAOUR, *à Noémi.*

Adieu, bonne mère.

(*Bellah et Maour sortent.*)

SCÈNE IV

NOÉMI, *seule.*

Cette charmante vision a calmé mes souffrances et la mémoire me revient à présent. Oui, voici le champ de Booz; voici le palmier de la séparation. Comment ne les ai-je pas reconnus plus tôt? C'est sous cet arbre, qu'il y a plus de trente ans, nous échangeâmes les derniers adieux ! Le bon Booz, notre plus proche parent, notre plus fidèle ami, était venu nous conduire. Chacun alors pleurait dans Bethléem, car la famine et la misère régnaient partout. Nous n'emportions que deux mesures de froment, tout ce qui nous restait de la moisson précédente. Au dernier moment, mon mari Élimélech jeta un regard désolé sur l'héritage de Booz. Ces champs, aujourd'hui si fertiles, étaient restés incultes faute de semences. — Booz, s'écria tout à coup Élimélech, prenez une de ces mesures et ensemencez votre terre. Que le froment recueilli en Juda profite au moins à Juda!... Quant à nous, Dieu nous conduira dans des contrées moins ingrates !

Depuis trente ans, il s'est passé bien des choses sans doute, en Bethléem..... Voici que mes yeux se ferment et que le sommeil s'empare de moi, le sommeil qui me fuit depuis si longtemps ! Ô Seigneur, est-ce que vous auriez pitié de nouveau de la vieille Noémi ? Je ne vois plus qu'à travers un voile les grands arbres de la campagne de Judée, et les chants des moisonneurs qui célèbrent les bienfaits du Très-Haut ne m'arrivent plus que comme un murmure...

(On entend dans le lointain les chants des moissonneurs.)

Chœur

Air : *Vers les rives de France.*

A la moisson nouvelle,
Allons en chantant.
Le Dieu tout-puissant,
    Pour nous,
Se montre si doux !
A lui toujours fidèle,
Ah ! que notre amour,
Jusqu'au dernier jour,
Lui soit donné sans retour !

NOÉMI (*endormie et rêvant.* [*])

Quelle est cette fête ? ce sont des fiançailles... des jeunes filles entourent en chantant la jeune épousée. Celle-ci s'avance en baissant les yeux et en priant le Seigneur de bénir l'union sainte qu'elle va contracter devant lui. Je vois au-dessus de sa tête, je vois briller une auréole céleste... Elle est donc réservée à de bien hautes destinées, cette femme, pour que le Seigneur daigne faire descendre sur elle ce signe éclatant de sa faveur ! Quelle est cette nouvelle épouse dont la postérité sans doute illustrera Israël ? Grand Dieu ! c'est Ruth !... Ruth !... ma fille ! Ah ! jeunes filles de Juda, entonnez vos plus glorieux cantique et aidez-moi à remercier le Seigneur.

Chœur dans la coulisse.

Air : *Vers les rives de France.*

A la moisson nouvelle
Allons en chantant... etc... etc.

Une jeune fille.

Dans la plaine immense,
Le blé se balance,
Dressant, radieux,
Sa tête aux cieux.
Ainsi l'homme sage,
Battu par l'orage,
Tranquille, au Seigneur,
Elève son cœur.

CHŒUR

A la moisson nouvelle,
Allons en chantant... etc... etc.

---

[*] Ce monologue doit être dit lentement et avec des pauses. Noémi indiquera, par ses gestes, qu'elle voit tout ce qu'elle décrit passer devant ses yeux.

NOÉMI, *toujours dormant et rêvant.*

Mais je vois l'époux qui sort de Bethléem entouré des magistrats de la ville et suivi par la population tout entière... Son nom est dans toutes les bouches : Booz, Booz... tous l'acclament et lui souhaitent une prospérité sans égale. O Booz, mon parent, mon ami, Booz le juste, Booz le saint, c'est donc à toi que le Seigneur confie ma douce, mon admirable Ruth... Déjà la cérémonie sainte a commencé. Les cantiques sacrés s'élèvent vers le ciel, les fleurs couvrent le parvis et l'encens béni emporte avec lui les cœurs vers le Dieu tout puissant...

Puis, on brise une coupe légère devant les deux époux. Que les débris de ce vase s'assemblent de nouveau, s'écrie le pontife, avant que soit rompue l'union que vous contractez devant Dieu.

O Seigneur, Dieu d'Israël, Dieu d'Élimélech, de Mahalon et de Chélion, voilà donc tes prédictions accomplies, et maintenant, je n'ai plus qu'à mourir.

UNE JEUNE FILLE, *dans la coulisse*

Air : *Vers les rives de France.*

Partout la richesse ;
Partout l'allégresse ;
Dans l'air, les blés
Sont portés, foulés.
Les granges sont pleines
Des plus riches graines.
De joyeux concerts
Ébranlent les airs.

CHŒUR

A la moisson nouvelle,
Allons en chantant... etc... etc.

SCÈNE V

NOÉMI, RUTH.

RUTH, *arrivant avec une grosse gerbe d'épis.*
Ma mère, voyez quelle abondante récolte... Ah !
vous dormiez.

NOÉMI, *se réveillant.*

Oui... je faisais un rêve magnifique.

RUTH.

En effet, je vous ai laissée triste et abattue... Je vous
retrouve souriante et reposée.

NOÉMI.

Toi-même, tu parais toute animée?

RUTH.

Ah ! ma mère, l'heureuse rencontre ! le beau pays !...
les braves gens !

NOÉMI.

Que s'est-il donc passé, Ruth?

RUTH.

En vous quittant, je me dirige vers le champ voisin, un champ immense et superbe. Une foule de
moissonneurs y travaillaient en riant et en chantant.
Je m'approche, non sans trembler, et je demande la

permission de parcourir les sillons derrière eux. Ils me conduisent aussitôt à leur maître, un seigneur vénérable et bienveillant.

NOÉMI.

Je pressens les desseins de Dieu.

RUTH.

Cet homme puissant m'interroge avec bonté, et comme je lui apprenais que j'étais étrangère : Que Dieu vous protège, me dit-il, le Dieu d'Israël, sous les ailes de qui vous vous êtes réfugiée.*

NOÉMI.

C'est ce Dieu lui-même qui te souhaite la bienvenue par la voix d'un des siens.

RUTH.

N'allez pas, ajouta-t-il, dans un autre champ que le mien. Quand ce sera l'heure de manger, partagez le pain avec mes serviteurs et trempez-le dans le vin pour réparer vos forces.** Ah! Seigneur, m'écriai-je en me prosternant devant lui, vous avez parlé au cœur de votre servante, moi cependant qui suis au-dessous de vos servantes.

NOÉMI.

Tu t'es comportée comme une fille modeste et re-connaissante.

RUTH.

J'ai vu qu'il avait été touché de mes sentiments,

* Ruth, chap. II, vers. 12.
** Vers. 10 et 13.

car il a recommandé à ses serviteurs de jeter à dessein des épis derrière eux, afin que je puisse les recueillir avec abondance et sans honte. *

NOÉMI.

N'avez-vous pas appris le nom de cet homme de bien ?

RUTH.

Non, ma mère, mais la moisson terminée, j'ai dû faire le récit de nos malheurs et de notre voyage. Or, parmi ceux qui m'entouraient se trouvaient les filles de ce seigneur généreux. Ces dignes matrones ont voulu venir elles-mêmes au-devant de vous et je les ai précédées de quelques instants seulement.

NOÉMI, se relevant.

Serait-il possible ?

RUTH.

Les voici, ma mère. Ah ! remerciez-les en votre nom et au mien. C'est un grand bonheur pour moi que de vous faire connaître à elles.

<h1 align="center">SCÈNE VI</h1>

LES MÊMES, HÉGLA, DEUX AUTRES FILLES DE BOOZ, MOISSONNEUSES.

NOÉMI.

Soyez les bienvenues, mes filles, et le Seigneur vous récompense d'avoir souci d'une vieille Israélite comme moi !

____

* Verset 16.

HÉGLA.

Hélas! que d'enfants de Dieu sont partis comme vous pour l'exil et, moins favorisés que vous, n'ont pas revu le pays de Juda!

NOÉMI.

Auriez-vous donc parmi vos parents ou vos amis quelques-uns de ces tristes exilés?

HÉGLA.

Précisément, et c'est en leur souvenir que mon père accueille avec honneur tous ceux qui reviennent des pays étrangers.

NOÉMI.

Je tremble en écoutant ces paroles... Y a-t-il longtemps que vous êtes séparés de ces amis... de ces parents?

HÉGLA.

Plus de trente ans. Ce lieu même, ce palmier, cette limite ont été les témoins de nos derniers adieux.

NOÉMI.

(*A part.*) O mon Dieu, soutenez-moi. (*Haut à Hégla.*) Et vous n'en avez jamais reçu de nouvelles?

HÉGLA.

Jamais... en partant ils avaient généreusement partagé avec nous le peu de blé qui leur restait de la récolte précédente. C'est ce blé même qui a servi à ensemencer ces champs, les plus fertiles du territoire de Bethléem. Mon père attribue à cette circonstance leur fécondité exceptionnelle.

NOÉMI.

Votre père espère-t-il les revoir ?

HÉGLA.

Chaque jour, il prie le Seigneur de les guider et de les ramener parmi nous.

NOÉMI.

Permettez une autre question, indiscrète peut-être ? Votre père est veuf, sans doute ? (*A part.*) Mon rêve serait-il une chimère ?

HÉGLA.

Oui, depuis bien longtemps, déjà.

NOÉMI.

Pourquoi, suivant la coutume de ce pays, ne s'est-il pas remarié ?

HÉGLA.

Souvent, lorsque des amis communs l'interrogeaient à ce sujet, nous l'avons entendu s'écrier : Ah ! si Élimélech et Noémi avaient une fille ! Quelle consolation de pouvoir contracter alliance avec eux et de confondre nos deux familles !

NOÉMI.

Allez, mes filles, mes chères filles, allez annoncer à votre bon père que son vœu est accompli. — Noémi a une fille, la plus pure, la plus aimable, la plus dévouée des filles. (*Montrant Ruth.*) La voici.

HÉGLA ET SES DEUX SŒURS.

Quoi ! vous seriez...

NOÉMI.

Noémi.

HÉGLA ET SES DEUX SŒURS, *entourant et embrassant Noémi.*

Ah ! ma mère... ma mère...

NOÉMI, *continuant.*

Noémi, que le Seigneur comble de ses dons ; car, dans une vision céleste, il a daigné me révéler que le juste Booz était l'époux qu'il destinait à la vertueuse Ruth. Ah ! mes filles, quels destins prospères n'attendent pas une union que le Très-Haut lui-même a préparée !

RUTH, *se jetant aux genoux de Noémi.*

Ma mère, bénissez-moi.

NOÉMI.

Relevez-vous, ma fille. C'est à moi, c'est à nous de nous incliner devant l'élue de Dieu. Vous êtes née en pays idolâtre, et ce grand Dieu n'a pas craint d'aller vous chercher par la main, pour vous donner au milieu de son peuple une place privilégiée. Votre nom restera célèbre à travers les âges et Israël vous devra un jour sa gloire et son salut.

FIN

LES LAPINS

FOLIE-VAUDEVILLE EN UN ACTE, MÊLÉE DE CHANTS.

PERSONNAGES

Madame GRAS-MENU, concierge.

Mmes PIMPONET,
PLUMOISEAU,
TRUFFARDON,
CŒUR-EN-PÊCHE,
BLANQUETTI,
BOULIVARDEAU.

amies de Mme Gras-Menu.

Madame POILEAU.
UNE PAYSANNE.
UNE ANGLAISE.
UNE ESPAGNOLE.
PREMIÈRE DAME.
DEUXIÈME DAME.
TROISIÈME DAME.

LES LAPINS

FOLIE-VAUDEVILLE EN UN ACTE, MÊLÉE DE CHANTS

La scène représente l'intérieur d'une loge... Porte d'entrée, porte intérieure, un bureau avec des casiers pour les locataires ; une table, une pendule, quelques meubles.

SCÈNE PREMIÈRE

Mme GRAS-MENU, *seule*.

Au lever du rideau, Mme Gras-Menu, après avoir distribué quelques lettres dans les casiers des locataires, examine plusieurs paquets étalés sur le bureau. Elle garde un de ces paquets entre les mains.

Encore une paire de bottines pour M. Trottinard..... Il me semble que ce locataire marche beaucoup depuis quelque temps... Qu'est-ce que cela signifie?... Serait-ce qu'il cherche un autre appartement? Précisément, je l'ai surpris l'autre jour qui regardait un écriteau... Cette prodigalité de chaussures confirme mes soupçons. — Ah! tu veux sortir d'ici! C'est moi qui vais rentrer mes sourires et mes saluts de première catégorie! — Autre paquet pour Mme Trufellier.... Ces Trufellier! — des gens qui dégringolent. — Il fallait les voir l'année dernière, lorsque ça faisait son prince de Galles. — Madame vous étalait des

cachemires du Pérou et des bracelets en rocaille...
Il en roulait des paquets dans ce temps-là. Puis les
paquets sont devenus plus rares, très rares... Voyez-
vous, il n'y a rien comme les paquets pour vous ini-
tier à l'existence de vos locataires..... Voilà bien six
semaines que je n'ai pas reçu pour eux le moindre
petit rouleau. — (*Entr'ouvrant le paquet qu'elle tient
à la main.*) Ah! fi! du coton... une pauvre petite robe
de quinze sous! (*Lisant.*) Dix mètres! Dix mètres, c'est
misérable! Décidément, ces gens-là sont à surveiller...
J'en parlerai au propriétaire... Mais ce qui est à surveiller aussi, c'est ma gibelotte... Ai-je mis de l'ail ?...
oui... non... Je vais en remettre... De l'ail voyez-
vous... quelquefois il n'y en a pas assez... Mais il n'y
en a jamais trop. (*Elle entre dans sa cuisine, porte
intérieure.*)

SCÈNE II

Mme GRAS-MENU *dans sa cuisine*, Mme PIMPONET.

Mme PIMPONET, *entrant avec précaution.*

On peut entrer... Ah! personne!

Mme GRAS-MENU, *sans sortir de sa cuisine.*

Qui est là?

Mme PIMPONET.

C'est moi.

Mme GRAS-MENU, *brusquement.*

Qui vous?... Ce n'est pas une réponse, cela... (*Paraissant et apercevant Mme Pimponet*). Ah! pardón,

madame Pimponet, je vous prenais pour une locataire....

MME PIMPONET.

N'y a pas de mal... Ça sent bon chez vous. Ouf...
ouf...

MME GRAS-MENU.

C'est la gibelotte...

MME PIMPONET.

Une gibelotte... Ah ! ciel !

MME GRAS-MENU.

C'est de règle tous les ans, le jour de la Sainte-Radégonde, ma patronne. — J'assemble mes amies, mes
meilleures amies....

MME PIMPONET, *saluant*.

Chère madame Gras-Menu !

MME GRAS-MENU, *continuant*.

Et je leur fais manger une gibelotte de lapin. Voilà
quarante-trois ans que ça dure... Pour être concierge,
on n'en a pas moins des traditions, madame Pimponet.

MME PIMPONET.

Moi, j'aime la fidélité aux principes. Vous n'y
avez jamais manqué ?

MME GRAS-MENU.

Une seule fois..... A la fête de Fouille-bon-les-Orties, mon pays natal... Mais c'est toute une histoire.

MME PIMPONET.

Et moi qui aime tant les histoires ! pas les histoires

16

de voleurs, par exemple... Chère madame, je vous
écoute.

MME GRAS-MENU.

Au fait, tout en surveillant mon fricot... C'était en
1857... nous habitions pour lors, ce pauvre M. Gras-
Menu et moi, une jolie petite maison en dehors du
village... Vous voyez ça d'ici, madame Pimponet...
des contrevents verts, une basse-cour, trois pruniers
et pas de locataires... pas de locataires!... Il était
cinq heures ou cinq heures et demie... Je venais de
saisir mon lapin... un superbe lapin.... un lapin...

UNE DAME, *paraissant à la porte extérieure et
coupant la parole à Mme Gras-Menu.*

Monsieur Lelièvre?

MME GRAS-MENU, *croyant que c'est Mme Pimponet
qui la contredit.*

Non, un lapin...

LA DAME, *insistant.*

M. Lelièvre?

MME GRAS-MENU, *même jeu, à Mme Pimponet.*

Il n'y a pas de lièvre qui tienne... un lapin.

LA DAME.

Comment, M. Lelièvre ne demeure pas ici?

MME GRAS-MENU, *s'apercevant de sa méprise.*

(*A la dame.*) Ah! pardon, madame. M. Lelièvre?
Devant vous, au troisième, la porte à droite. (*La

dame disparaît. A Mme Pimponet.) Où en étais-je donc? Ah! je tiens mon lapin par les deux oreilles, et je m'apprête à lui donner le coup fatal, lorsque la porte du jardin... une porte jaune avec une grosse sonnette, vous voyez ça d'ici, madame Pimponet, lorsque la porte s'ouvre avec fracas et une jeunesse de quinze ans se jette à mes genoux en criant : Sauvez-moi... par pitié, sauvez-moi!...

MME PIMPONET.

Ah! mon Dieu! qu'est-ce qui va se passer?

MME GRAS-MENU.

Mon lapin et moi nous en étions restés là... La pauvre enfant était en larmes. — Comment vous nommez-vous, que je lui demande?

UNE DAME, *paraissant à la porte extérieure.*

Mlle Félicie?

MME GRAS-MENU, *croyant que c'est Mme Pimponet qui la contredit, même jeu que précédemment.*

Non, Perpétue.

LA DAME.

Perpétue?... Félicie....

MME GRAS-MENU, *insistant.*

Perpétue.

LA DAME.

Félicie, vous dis-je.

MME GRAS-MENU, *s'apercevant de sa méprise.*

Ah! pardon... c'est cette histoire... Mlle Félicie vous demandez?... au rez-de-chaussée... vis-à-vis vous, sous la marquise. (*La dame disparaît. A Mme Pimponet.*) Ces gens-là ne pourraient donc pas choisir un autre moment... Enfin elle se nommait Perpétue... Sauvez-moi... sauvez-moi... répétait-elle. Vous sauver de quoi? — Ah ! madame, je vais être battue. — Et que voulez-vous que j'y fasse? — Alors la pauvrette me raconte que son papa est marchand de macarons et qu'il va de bourg en bourg avec sa fille et son tourniquet. Celui qui tire le gros numéro gagne un lapin... un lapin vivant qui reste là, attaché par la patte, pour attirer les chalands. La malheureuse Perpétue, chargée de garder l'établissement pendant que le père était au cabaret, avait laissé échapper le lapin. Alors la peur l'avait prise et elle avait fait comme le lapin... Puis, soudain, elle m'avait aperçue à travers la claire-voie, brandissant mon lapin et il lui avait semblé que nous descendions tous les deux du ciel pour la tirer d'affaire. Elle s'était jetée à mes genoux, en tournant ses yeux pleins de larmes vers moi et en tendant ses petites mains suppliantes vers le lapin qui échappa ainsi au plus imminent des trépas.

MME PIMPONET.

Bonne madame Gras-Menu ! je vous comprends. Quel cœur ! quel cœur !

MME GRAS-MENU.

Dame ! dans ce temps-là, je n'étais pas encore concierge, et puis la petite avait un air de sincérité à convaincre une mule. Je la crus sur parole. Bah !

que je me dis, sainte Radégonde me le passera pour une fois. Justement, j'avais un canard en réserve. Au lieu d'une gibelotte de lapins, je leur ai servi un canard aux...

UNE DAME, *paraissant à la porte extérieure.*

Mme Richou?

Mme GRAS-MENU, *croyant que c'est Mme Pimponet qui la contredit, même jeu que précédemment.*

Aux choux? Non, aux navets!

LA DAME, *choquée.*

Comment? des navets?

Mme GRAS-MENU.

Oui, des navets.

LA DAME.

Vous êtes une impertinente.

Mme GRAS-MENU

Vous en êtes une autre, madame Pimponet.

Mme PIMPONET.

Je n'ai pas soufflé mot (*Désignant la dame*). C'est madame...

Mme GRAS-MENU.

Ah! ah! Et que me veut madame?

LA DAME.

Je demande Mme Richou.

Mme GRAS-MENU.

Fallait le dire. — Mme Richou, escalier C, au cinquième au-dessus de l'entresol, au fond du couloir, porte n° 17.

LA DAME.

C'est bien... (*Elle se retire.*)

Mme GRAS-MENU, *à Mme Pimponet*.

Excusez, madame Pimponet... Croyez-vous qu'il faille s'époumoner comme ça pour une mansarde !

Mme PIMPONET.

Et Perpétue, madame Gras-Menu ?... Cette petite me porte au cœur.

Mme GRAS-MENU.

Ah ! l'histoire du lapin vous a empoignée. Eh bien, la petite Perpétue emporta son lapin, et nous fîmes la Sainte-Radégonde avec un canard aux navets.

Mme PIMPONET.

Et ensuite... ensuite, madame Gras-Menu ?

Mme GRAS-MENU.

Et ensuite... comme dans un roman, n'est-ce pas ? Ma foi, de suite... il n'y en eut pas. Le lendemain, le père Tourniquet quitta le pays sans doute, car je n'en ai plus entendu parler.

Mme PIMPONET.

Vous avez été trop compatissante, madame Gras-Menu... Peut-être quelque intrigante...

Mme GRAS-MENU.

Que voulez-vous ? Mais non... je me connais en frimousse... et puis il ne faut pas se repentir d'une bonne action. (*Regardant la pendule.*) Mais, pendant ce temps l'heure s'avance, et l'épicier qui n'est pas encore venu !... pas une pierre de sucre ici... Madame Pimponet ?

MME PIMPONET.

Madame Gras-Menu ?

MME GRAS-MENU.

Voulez-vous garder ma loge un instant ? (*Indiquant le bureau-casier.*) Les noms des locataires sont inscrits là, par étage.

MME PIMPONET.

Volontiers ; je mettrai mes lunettes.

MME GRAS-MENU.

Et puis si vous confondez... ils redescendront ; il n'en sera que ça... (*Mettant son châle.*) Ah ! s'il fallait se faire du mauvais sang pour tous ceux qui se trompent de porte en ce monde ! (*Elle sort.*)

SCÈNE III

MME PIMPONET, *seule.*

Elle rappelle Mme Gras-Menu au moment où celle-ci vient de disparaître.

Madame Gras-Menu, vous êtes bien sûre au moins qu'il n'arrivera rien ?

MME GRAS-MENU, *du dehors.*

Eh ! que voulez-vous qu'il arrive ?

Mme PIMPONET, *revenant sur le devant de la scène.*

Parce qu'en fait d'émotion, voyez-vous, je rendrais des feuilles à une sensitive. Ah ! s'il fallait que, pendant que je suis là, seule, abandonnée, loin de tous secours humains, un accident, un malheur... Ah ! mon Dieu, qu'est-ce qui vient ?

SCÈNE IV

Mme PIMPONET, Mme POILEAU, UNE PAYSANNE *portant un panier.*

Mme POILEAU, *apparaissant aux dernières paroles de Mme Pimponet.*

Mme Gras-Menu ?

Mme PIMPONET.

Pour quelque locataire sans doute ?

Mme POILEAU.

Mais non, c'est pour elle, pas pour une autre.

Mme PIMPONET.

Elle vient de sortir, mais elle ne restera pas long-temps.

Mme POILEAU.

Je reviendrai.

Mme PIMPONET.

Madame ne veut pas l'attendre ? (*A part.*) Ça me ferait une compagnie, au moins.

Mme POILEAU.

Impossible... Je n'ai pas le temps...

MME PIMPONET, *cherchant à prolonger la conversation.*

A ce que je vois, madame est très occupée?

MME POILEAU.

Oui... Je suis venue à Paris... poursuivie par une idée fixe.

MME PIMPONET.

Ah ! madame n'est pas de Paris?

MME POILEAU.

Non... La rue qui mène au chemin du Nord, s'il vous plaît?

MME PIMPONET, *avec un geste indicatif.*

Au bout de celle-ci... à droite.

MME POILEAU.

Bon, bon... je trouverai par là ce que je cherche.

MME PIMPONET.

En effet, qui cherche trouve.

MME POILEAU.

Je me sauve... A propos, voudriez-vous me garder ce panier?

MME PIMPONET, *s'avançant vers la paysanne.*

Volontiers, madame... je vais le prendre.

MME POILEAU.

Non... non... il est trop lourd... Dorothée va le placer sous cette table.

LA PAYSANNE, *plaçant le panier sous la table.*

Ouf ! ouf ! ouf !

Mme PIMPONET.

Quand on revient de loin, on a bien des choses...

Mme POILEAU.

Ce n'est pas ce que vous croyez... (*A mi-voix.*) C'est un mystère.

Mme PIMPONET.

Un mystère !..

Mme POILEAU.

Chut... tout se découvrira... plus tard.

Mme PIMPONET.

En tous cas, je préviendrai Mme Gras-Menu.

Mme POILEAU.

Non... il faut lui laisser la surprise.

Mme PIMPONET.

Vous pensez ?

Mme POILEAU.

Oh ! une fameuse surprise, allez... Imaginez-vous que... non... il vaut mieux que je ne vous le dise pas. Adieu, madame...

Mme PIMPONET.

Bien le bonjour, mesdames, pour vous servir.

LA PAYSANNE, *agitant son bras comme s'il était encore engourdi.*

Ouf ! ouf ! ouf !

(*Mme Poileau et la paysanne sortent.*)

SCÈNE V

Mme PIMPONET, *seule.*

Une surprise! Voilà encore une invention qui n'est pas de mon goût, les surprises! Vous êtes là, bien tranquille, sans vous défier de rien... crac! tout d'un coup vous sautez en l'air, c'est une surprise. Si vous n'attrapez pas la jaunisse, c'est que vous êtes bronzé comme la colonne Vendôme... Plus se avent que je m'approcherai de ce panier... Ciel! qu'ai-je aperçu dans ce coin?... là... près de la toile d'araignée... Un petit point noir qui remue, qui remue... Ça va, ça vient. (*Poussant un cri.*) Ah! une araignée!... au secours... Oh! là! là!... au secours!

SCÈNE VI

Mme PIMPONET, Mme PLUMOISEAU.

Mme PLUMOISEAU.

Qu'y a-t-il? Grand Dieu! Bah! vertuchoux! cette bonne Pimponet.

Mme PIMPONET.

C'est mon bon ange qui vous envoie, madame Plumoiseau; vous qui êtes une femme forte, venez, accourez.

Mme PLUMOISEAU.

Serait-ce un serpent échappé d'une ménagerie d'animaux féroces? Justement il y en a une dans le voisinage.

MME PIMPONET.

Il ne manquait plus que cela... (*Désignant l'araignée.*) Écrasez-moi ça.

MME PLUMOISEAU.

Cette pauvre araignée... Araignée du soir, signe d'espoir.

MME PIMPONET.

Pendant que vous pérorez, elle est disparue... Me voilà des inquiétudes pour le reste de la soirée.

MME PLUMOISEAU.

Effectivement, vous êtes pâle... (*Tirant une fiole de sa poche.*) Tenez, avalez-moi ça.

MME PIMPONET.

Toujours des ressources. Un vrai Robinson Crusoé, cette femme-là!

MME PLUMOISEAU.

C'est un cadeau que j'apporte à la maîtresse de céans, une liqueur de ma composition. (*Ayant l'air d'interroger Mme Pimponet qui boit à la bouteille.*) Hein ?

MME PIMPONET.

Miséricorde, que c'est raide! Ça galvaniserait un cheval de fiacre.

MME PLUMOISEAU.

Vous comprenez... pour un cadeau il faut faire bien les choses.

Mᴹᴱ PIMPONET, *faisant une grimace.*

Elles sont bien faites.

Mᴹᴱ PLUMOISEAU, *regardant par la porte.*

Mais qui vient ? Ah ! ce sont ces dames.

Mᴹᴱ PIMPONET, *avec une nouvelle grimace.*

Ça ne fait rien, c'est raide.

SCÈNE VII

LES MÊMES, Mᴹᴱ TRUFFARDON, *avec une botte de carottes,* Mᴹᴱ CŒUR-EN-PÊCHE, *avec une énorme galette,* et Mᴹᴱ BLANQUETTI, *avec un immense rouleau de papier.*

Mᴹᴱ TRUFFARDON, *entrant et cherchant des yeux.*

Je ne la vois pas.

Mᴹᴱ CŒUR-EN-PÊCHE, *de même.*

Disparue !

Mᴹᴱ BLANQUETTI, *de même.*

Envolée !

TOUTES LES TROIS ENSEMBLE.

Madame Gras-Menu ?

Mᴹᴱ PIMPONET.

Absente pour un instant... Entrez donc, Mes-dames... (*Saluant avec cérémonie.*) Mesdames...

Mᴹᴱˢ TRUFFARDON, CŒUR-EN-PÊCHE ET BLANQUETTI,
rendant le salut.

Madame...

17

LES MÊMES, *se tournant du côté de Mme Plumoiseau.*

Madame...

Mme PLUMOISEAU, *faisant un pas en arrière pour donner plus de développement à son salut.*

Mesdames...

Mme BLANQUETTI.

Charmante occasion qui nous rassemble, mesdames.

Mme TRUFFARDON.

La fête de cette bonne Gras-Menu.

Mme CŒUR-EN-PÊCHE.

Ça sent bon ici.

Mme PIMPONET.

C'est le lapin qui mijote...

Mme CŒUR-EN-PÊCHE.

Un lapin... j'adore le lapin.

Mme PLUMOISEAU.

Vous êtes portée sur votre bouche, vous, madame Cœur-en-Pêche.

Mme CŒUR-EN-PÊCHE.

Il n'est pas défendu d'aimer les bonnes choses... Que portez-vous donc là, bonne madame Truffardon?

Mme TRUFFARDON, *élevant la botte de carottes.*

C'est mon cadeau.

Mme PIMPONET ET Mme CŒUR-EN-PÊCHE.

Des carottes! Ah!

MME BLANQUETTI.

C'est bien prosaïque !

MME TRUFFARDON.

Prosaïque, des carottes ! Des carottes, voyez-vous, il n'y a que ça ! C'est bon avec le veau, c'est bon avec le bœuf... c'est bon avec le mouton... c'est bon avec tout... et puis, c'est léger... et puis, c'est sucré ; il y en a qui préfèrent la pomme de terre ou le navet... Vous, vous sirotez, madame Plumoiseau... moi, je carotte...

MME BLANQUETTI.

On le sait, on le sait.

MME TRUFFARDON.

Mais vous-même, aimable Cœur-en-Pêche, que tenez-vous donc là ?

MME CŒUR-EN-PÉCHE.

C'est une galette.

MME PLUMOISEAU.

Une roue de voiture...

MME CŒUR-EN-PÉCHE.

De ma fabrication... J'ai mis des fèves dedans ; il y en a seize... deux par personne...

MME TRUFFARDON.

Mais nous ne sommes pas aux Rois.

MME CŒUR-EN-PÉCHE.

Ça ne fait rien, c'est plus drôle. (*A part.*) Et puis ça tient de la place.

MᴹᴱPIMPONET.

Tirer les rois, voilà ce qui m'impressionne... Ah !
ciel, si je venais à être reine !...

MᴹᴱTRUFFARDON.

Ah ! ça, et vous, madame Blanquetti, vous qui êtes
une femme joviale et inventive, je parie que vous
nous ménagez quelque anguille sous roche.

MᴹᴱBLANQUETTI, *minaudant.*

Moi... Ah ! vous êtes trop honnête, madame Truffardon.

MᴹᴱCŒUR-EN-PÉCHE.

Oh ! je vous connais... il y a quelque chose.

MᴹᴱBLANQUETTI, *minaudant.*

En vérité, je ne sais, si je dois...

TOUTES.

Si, si, madame Blanquetti.

MᴹᴱBLANQUETTI.

Puisque vous l'exigez absolument.

TOUTES.

Oui, oui, oui, madame Blanquetti.

MᴹᴱPIMPONET *à part.*

Je me sens toute émue !

MᴹᴱBLANQUETTI, *dépliant son rouleau.*

Une simple chanson.

TOUTES.

Une chanson! quel bonheur!

MME PIMPONET.

Ça va me remettre. J'ai encore cette araignée sur le cœur.

MME CŒUR-EN-PÊCHE.

Ça s'appelle?..

TOUTES.

Ça s'appelle?...

MME BLANQUETTI.

Ça s'appelle la chanson des portiers.

MME PLUMOISEAU, *avec dignité.*

Mettre les portiers en chanson! Y pensez-vous, madame Blanquetti?

MME BLANQUETTI.

Rassurez-vous, madame Plumoiseau, ce sont les locataires qui en font tous les frais.

TOUTES.

A la bonne heure...

(*Mme Blanquetti s'avance, son papier déployé, sur le devant de la scène. Toutes l'entourent et répètent le refrain.*)

MME BLANQUETTI, *annonçant le titre de chaque couplet*

PREMIER COUPLET.

Le Devoir du locataire.
(Elle chante.)
AIR : *Du savetier et du financier.*

Il faut que chaque locataire
Qui demande la porte, à nos yeux se montrant,
Baron, Marquis, fut-il notaire!
Fasse un salut selon son étage et son rang.

REFRAIN.

(Elles chantent toutes.)

Il faut qu'un malin portier
Savo, savo, savo, savo, savo, savo...
Il faut qu'un malin portier
Savo, savo, savo, savo sou métier.

Mme BLANQUETTI.

DEUXIÈME COUPLET.

La Question des étrennes.

(Elle chante.)

Ceux qui n'apportent pas d'étrennes,

(A ce moment une dame anglaise paraît sur le seuil de la loge. Mme Blanquetti s'interrompt.)

LA DAME ANGLAISE.

Je voolé savouar le adress de mistriss Cannell of Resgliff.

Mme PIMPONET, *consultant les noms des localaires.*

Comment que vous dites?

LA DAME ANGLAISE.

Mistriss Cannell of Resgliff.

Mme PIMPONET.

Nous n'avons pas ça ici. (*Essayant de se faire comprendre*). No, no, pas ici... Ailleurs. No, no,...

LA DAME ANGLAISE.

Oh yes! understand! good night. (*Elle sort.*)

Mme TRUFFARDON.

Dites donc, madame Pimponet : Cannelle et réglisse!

vous auriez pu l'envoyer chez l'épicier du coin.
(*Rire général.*)

TOUTES.

Reprenez, madame Blanquetti.

Mᵐᵉ BLANQUETTI, *chantant.*

Ceux qui n'apportent pas d'étrennes,
Vieux vin, sucre ou bonbons et beaux écus sonnants,
Ne sont pas au bout de leurs peines.
Ils pourront quelquefois sonner dur et longtemps.
(Elle fait le geste de tirer le cordon.)

REFRAIN.

Toutes en chœur :

Il faut qu'un malin portier
Save, save, save, save, save, save,
Il faut qu'un malin portier
Save, save, save, save son métier.

Mᵐᵉ BLANQUETTI.

TROISIÈME COUPLET.

La Visite du propriétaire.

(Toutes font mine de donner un coup de main à leurs
toilettes.)

Mais voilà le propriétaire !
Crac ! aussitôt s'opère un subit changement.
On prend sa mine débonnaire,
On s'incline, on sourit, on parle doucement.

REFRAIN :

(Elles chantent toutes.)

Il faut qu'un malin portier.
Save, save, save, save, save, save...

(A ce moment, une dame costumée d'espagnole, avec un voile sur la tête et un éventail à la main, paraît à la porte de la loge. Toutes les voix se taisent aussitôt.)

LA DAME ESPAGNOLE.

Diga me si la señora Bavardina di Trompetta habita aqui ?

Mme PLUMOISEAU, *à part.*

En voilà un jargon !

Mme CŒUR-EN-PÊCHE, *à part.*

Ce doit être une Auvergnate.

Mme PIMPONET, *à la dame après avoir consulté les noms des locataires.*

Nous n'avons rien de pareil, madame.

LA DAME.

Bonas vesperas, a diou.
(Elle se retire.)

Mme TRUFFARDON, *à Mme Blanquetti.*

Dites donc, madame Blanquetti, la señora Bavardina... j'ai cru qu'il était question de vous.

Mme BLANQUETTI, *dignement.*

Madame, je n'aime pas les sottes plaisanteries.

Mme TRUFFARDON.

Sotte vous-même ! Voyez-vous cette pimbêche, avec sa voix de serinette d'occasion !

Mme BLANQUETTI.

Ce n'est pas quand on possède un organe de bour-

don fêlé comme vous, madame, qu'on peut reprocher
aux autres.....

Mᵐᵉ PLUMOISEAU, ET Mᵐᵉ CŒUR-EN-PÊCHE, *s'interposant.*

Mesdames, mesdames ..

Mᵐᵉ PIMPONET.

De grâce, mesdames, ou je me pâme!

Mᵐᵉ CŒUR-EN-PÊCHE.

Une idée!.. si nous reprenions notre chanson!

TOUTES.

Oui, la chanson, la chanson.

(*Elles achèvent l'air interrompu.*)

Save, save, save, save, save, save...
Il faut qu'un malin portier
Save, save, save, save, son métier.

SCÈNE VIII

LES MÊMES, Mᵐᵉ GRAS-MENU.

Mᵐᵉ GRAS-MENU.

Ah! je vous retrouve... Déjà en fête.

TOUTES.

Madame Gras-Menu!

Mᵐᵉ PLUMOISEAU, *embrassant Mᵐᵉ Gras-Menu.*

Ma bonne amie, une bonne santé, de grosses étrennes et pas de courants d'air.

Mᵐᵉ TRUFFARDON, *de même.*

Conservez-vous jusqu'à la fin de vos jours.

17.

MME CŒUR-EN-PÊCHE.

Un bon appétit, madame Gras-Menu, tout est là !

MME BLANQUETTI, *de même, avec un grand salut.*

Chère et bonne madame, c'est du bout des lèvres
que je vais vous embrasser ; mais c'est du fond du
cœur que je vous la souhaite bonne et heureuse.

MME TRUFFARDON, *à part.*

Farceuse, va !

MME PIMPONET *se prépare aussi à embrasser Mme Gras-
Menu, mais celle-ci se retire précipitamment
comme saisie d'une idée subite.*

MME GRAS-MENU.

Ah ! mon Dieu, la gibelotte! Vous permettez, mesdames ?

TOUTES.

Allez! allez! madame Gras-Menu. (*Mme Gras-Menu
entre dans la cuisine.*)

MME TRUFFARDON.

Pendant ce temps, si nous mettions le couvert?

MME CŒUR-EN-PÊCHE.

C'est une idée!

MME PLUMOISEAU.

Mais il nous manque quelqu'un.

TOUTES.

Qui?

MME PLUMOISEAU.

Mme Boulivardeau.

MME BLANQUETTI.

Toujours la plus exacte...

MME CŒUR-EN-PÈCHE.

Quand il s'agit de dîner.

MME TRUFFARDON, *regardant par la porte.*

La voilà! la voilà!... mon Dieu, que lui est-il arrivé?

MME PLUMOISEAU, *même jeu.*

Elle accourt les bras en l'air comme une folle...

MME CŒUR-EN-PÈCHE.

Et le bonnet de travers... Ce n'est pas naturel!

MME PIMPONET.

Je tremble déjà de tous mes membres.

SCÈNE IX

LES MÊMES, MME BOULIVARDEAU, *arrivant effarée,
la toilette en désordre et perdant la respiration
à chaque parole.*

MME BOULIVARDEAU.

Ah! mesdames! Ah! mes amies! Ah! quel malheur!...

TOUTES.

Qu'y a-t-il?

MME GRAS-MENU, *sortant de la cuisine.*

Qu'y a-t-il?

MME BOULIVARDEAU.

Une horrible catastrophe !

MME CŒUR-EN-PÊCHE.

Votre chien, peut-être ?

MME BOULIVARDEAU.

Non, tout va bien chez moi...

MME TRUFFARDON.

Alors, si c'est chez le voisin...

MME BOULIVARDEAU.

Épouvantable ! abominable ! inouï !

MME GRAS-MENU.

Tout cela ne nous dit pas...

MME BOULIVARDEAU.

Un assassin !

MME PIMPONET.

Ah ! ciel !...

MME GRAS-MENU.

Où ?

MME BOULIVARDEAU.

Dans ma maison !

MME PIMPONET.

Pourvu qu'il ne vous ait pas suivie !

MME BOULIVARDEAU.

Sauvée... elle s'est sauvée !....

MME GRAS-MENU.

Comment, elle ?

MME BOULIVARDEAU.

Oui, c'est une femme.

MME BLANQUETTI.

Voilà les hommes égalés! horreur!

MME BOULIVARDEAU.

Ah! mes amies, soutenez-moi... là, coupé en morceaux !

MME GRAS-MENU.

Asseyez-vous... Qui, coupé en morceaux?

MME BLANQUETTI.

De grâce, madame... expliquez-vous...

MME PLUMOISEAU.

Oui, racontez-nous...

MME BOULIVARDEAU.

J'étouffe...

MME PLUMOISEAU, *tirant sa fiole.*

Tenez, avalez-moi un peu de ça.

MME BOULIVARDEAU, *buvant.*

Ça va mieux... Un homme respectable, un vieillard
à ce qu'on croit, coupé en morceaux par une jeune
femme, sous mon toit, à deux pas de moi... dans la
propre maison dont je suis la propre concierge.

MME PIMPONET.

Soyez donc concierge !

MME PLUMOISEAU.

Encore un petit coup, madame Boulivardeau, ça
vous donnera de la voix.

Mᵐᵉ BOULIVARDEAU.

Volontiers... (*Elle boit.*) Ah ! elle m'a bien trompée, la malheureuse... Vingt ans à peine... blonde... l'air d'une sainte nitouche...

Mᵐᵉ GRAS-MENU.

Il n'y a pire eau que l'eau qui dort.

Mᵐᵉ BOULIVARDEAU.

Robe bleue... bonnet rose... tablier noir... dix minutes après le coup, je l'ai vue rire... Elle a ri, la misérable !

Mᵐᵉ PLUMOISEAU, *tendant de nouveau la fiole.*

Du courage, madame Boulivardeau.

Mᵐᵉ BOULIVARDEAU, *buvant.*

Le curieux de l'affaire, c'est qu'on ne peut pas retrouver le corps, ce qui permet, d'ailleurs, toutes les suppositions ; mais on a des raisons de croire qu'elles l'ont mis au chemin de fer, car on les a vues, elle et sa complice.

Mᵐᵉ GRAS-MENU, *interrompant.*

Il y a une complice ?

Mᵐᵉ BOULIVARDEAU.

On les a vues se diriger du côté de la gare en portant un panier.

TOUTES,

En portant un panier !

MME PIMPONET *poussant des cris retentissants.*

Ah ! la, la, la. Ah ! mon Dieu.., Ah ! la, la, la. (*Mme Cœur-en-Pêche et Mme Blanquetti se précipitent au secours de Mme Pimponet.*)

MME GRAS-MENU.

Connu ! c'est la sensibilité qui fait des siennes.

MME PIMPONET, *se débattant.*

Non, non. Je les ai vues... Quand je vous dis que je les ai vues !... vues !...

MME TRUFFARDON,

Voilà qu'elle bat la campagne à présent.

MME PIMPONET.

Je les ai vues comme je vous vois...

TOUTES.

Qui !... qui avez-vous vu ?

MME PIMPONET, *de sa voix la plus forte.*

Les assassins !...

(*Mouvement général.*)

MME BOULIVARDEAU.

Où cela ?

MME PIMPONET,

Ici même.

MME GRAS-MENU.

Allons donc !

MME PIMPONET.

J'en suis sûre. (*A Mme Boulivardeau.*) Une blonde, n'est-ce pas ?

MᵐE BOULIVARDEAU.

Oui.

MᵐE PIMPONET.

Dans les trente ans?

MᵐE BOULIVARDEAU.

Non, dix-huit à peine.

MᵐE PIMPONET.

C'est le crime qui l'a vieillie. — Une robe grise?

MᵐE BOULIVARDEAU.

Non, bleue.

MᵐE PIMPONET.

Grise, bleue, ça dépend du jour... Un chapeau...

MᵐE BOLIVARDEAU *l'interrompant.*

Non! un bonnet.

MᵐE PIMPONET.

Un chapeau en forme de bonnet. (*Baissant la voix.*) Elle m'a avoué qu'elle était poursuivie.

MᵐE GRAS-MENU.

Ça se complique.

MᵐE PIMPONET

Bien plus... elle m'a demandé le chemin de la gare... et puis sa voix... son trouble... son empressement à fuir...On ne se trompe pas à ces symptômes-là... Quant au panier...

MᵐE BOULIVARDEAU.

Eh bien, le panier?...

TOUTES.

Le panier ?...

MME PIMPONET, *désignant le panier qui se trouve sous la table.*

Le panier, le voici.

TOUTES.

Le voici !

MME PIMPONET.

Votre infortuné locataire, madame Boulivardeau, se trouve sous ce couvercle... (*Toutes font un geste d'horreur et se reculent instinctivement.*)

MME GRAS-MENU.

C'est horrible.

MME BLANQUETTI.

Et dire que la malheureuse victime n'est peut-être pas encore refroidie!

MME TRUFFARDON.

Il faut voler à son secours.

MME GRAS-MENU.

C'est cela, ouvrez le panier, madame Truffardon.

MME TRUFFARDON.

Allons, mesdames, qu'on ouvre le panier.

TOUTES, *se reculant.*

Pas moi... pas moi...

MME BOULIVARDEAU.

Une idée... si j'allais chercher le commissaire qui se

trouve encore sur le lieu du crime ! Il l'ouvrira bien
lui !

MME GRAS-MENU.

C'est cela, courez vite, madame Boulivardeau.

MME BOULIVARDEAU.

D'ailleurs je ne suis pas fâchée de voir un peu ce
qui se passe chez moi.

M^{MES} BLANQUETTI ET CŒUR-EN-PÊCHE.

Surtout pressez-vous.

MME BOULIVARDEAU.

Je vole, et je reviens. (*Elle sort*)

SCÈNE X

LES MÊMES, PUIS MME POILEAU.

MME PIMPONET, *prêtant l'oreille*.

Écoutez !...

MME BLANQUETTI *effrayée*.

Quoi !

MME CŒUR-EN-PÊCHE.

Qu'y-a-t-il ?

MME PIMPONET.

Vous n'entendez rien ?...

MME PLUMOISEAU.

Chut. (*Toutes prêtent l'oreille.*)

MME CŒUR-EN-PÊCHE.

Si, de petits bruits réguliers...

MME BLANQUETTI.

On dirait des soupirs.

MME TRUFFARDON.

Le râle d'un agonisant, sans doute !

MME PLUMOISEAU.

Peut-être les derniers gémissements !

MME PIMPONET.

Ah ! mon Dieu !

MME GRAS-MENU, *écoutant.*

Savez-vous ce que c'est que vos soupirs et vos gémissements ?... C'est ma gibelotte qui se sauve.

MME TRUFFARDON, *regardant du côté de la cuisine.*
Allez vite, il n'est que temps.

MME GRAS-MENU, *entrant dans la cuisine.*

Vous verrez qu'elle sera manquée !

MME PIMPONET, *s'asseyant et s'essuyant le front.*

C'est trop pour une seule journée !

MME POILEAU, *paraissant sur le seuil de la porte.*

Madame Gras-Menu, s'il vous plaît ?

MME PIMPONET, *se relevant subitement en apercevant Mme Poileau.*

Arrêtez-là.... Arrêtez-là !...

MME PLUMOISEAU.

Calmez-vous, madame Pimponet, c'est peut-être
une locataire.

MME PIMPONET.

Une locataire ! (*Criant.*) C'est l'assassin !...
(*Mouvement général.*)

MME GRAS-MENU, *sortant de la cuisine.*

Comment l'assassin ?...

MME PIMPONET.

La femme au panier !

MME POILEAU.

Précisément, je venais pour...

MME PLUMOISEAU, *l'interrompant.*

Pour le chercher, sans doute ?

MME POILEAU.

Mais oui...

MME TRUFFARDON, *d'une voix terrible.*

Vous ne sortirez pas, madame !...

MME POILEAU.

Pourquoi ?

MME TRUFFARDON.

Vous le savez bien...

MME POILEAU.

Comment voulez-vous que je le sache ?

MME TRUFFARDON.

Quelle impudence !

MME PLUMOISEAU.

Quelle effronterie !

MME TRUFFARDON.

Vous trouverez à qui parler.

MME BLANQUETTI.

Nous sommes des créatures délicates, c'est vrai...

MME CŒUR-EN-PÊCHE.

Mais quand il faut déployer du courage... Mettez-vous en avant, madame Plumoiseau.

MME GRAS-MENU.

Vous qui avez des jambes, Madame Blanquetti, allez vite prévenir madame Boulivardeau de ce qui se passe.

MME POILEAU.

Un instant...

MME BLANQUETTI.

Elle va faire des révélations... je veux me trouver là.

MME TRUFFARDON.

Nous direz-vous, madame... (*se reprenant*) abominable coquine, nous direz-vous quel est l'infortuné que vous avez renfermé dans ce panier ?

MME POILEAU.

Regardez-y vous-même.

MME TRUFFARDON.

Que j'y regarde ! C'est une autre affaire.

MME POILEAU, *fixant M*me *Gras-Menu.*

Et mais ! je vous reconnais, chère madame Gras-Menu.

MME GRAS-MENU.

Et moi, je ne vous reconnais pas, madame.

MME POILEAU.

Regardez-moi bien...

MME GRAS-MENU.

Voudriez-vous me faire passer pour votre complice?

MME POILEAU.

Complice... il y a un malentendu... Complice de quoi?...

MME BLANQUETTI, *qui a regardé par la porte.*

C'est ce que vous allez savoir, car voici Mme Bouli-vardeau qui revient, en faisant de grands gestes.

MME TRUFFARDON.

Sans doute, on a de nouveaux indices!

MME PIMPONET.

Ah! trop d'émotions, trop d'émotions!...

SCÈNE XI

LES MÊMES, MME BOULIVARDEAU, *arrivant en courant.*

MME BOULIVARDEAU.

Mes amies... tout s'arrange... tout s'explique...

MME TRUFFARDON, *désignant Mme Poileau.*

N'allez pas du côté de cette femme.

MME BOULIVARDEAU.

Pourquoi?

Mmes TRUFFARDON, PLUMOISEAU ET CŒUR-EN-PÊCHE.

C'est l'assassin !

Mme BOULIVARDEAU.

Mais il n'y a plus d'assassin !

Mme GRAS-MENU.

Comment, il n'y a plus d'assassin ?

Mme TRUFFARDON.

Plus d'assassin... nous sommes jouées.

Mme BLANQUETTI.

Au moment où cela commençait à m'intéresser.

Mme PIMPONET.

Plus d'assassin ! j'en suis pour mes émotions, alors !

Mme BOULIVARDEAU..

Il ne peut pas y avoir d'assassin, puisqu'il n'y a pas eu de crime.

Mme BLANQUETTI.

Comment pas même de crime !

Mme BOULIVARDEAU.

Ah ! c'est le commissaire qui n'est pas content... La bonne du premier non plus, car il a fallu remonter jusqu'à elle... Remonter... non... descendre, puisque c'est par le cinquième qu'on a commencé.

Mme GRAS-MENU.

Contez-nous donc ça, ma bien bonne amie.

Mme BOULIVARDEAU.

Voici l'affaire... Le premier reçoit les journaux —

Je les lis. — La bonne les lit. — Le maître ensuite...
c'est l'usage.

(Toutes font un signe d'assentiment.)

Mais vous comprenez bien que la bonne et moi,
c'est pas pour la politique... Les accidents, c'est autre
chose... C'était à qui découvrirait les plus nouveaux
et les plus extraordinaires! Voilà que Fanchette
trouve sur un journal de Quimper l'histoire de
l'homme au panier.... Vite elle monte au deuxième
et elle raconte que l'affaire s'est passée à Paris...
Naturellement... la bonne du deuxième, très émue,
monte au troisième, et elle assure que c'est dans le
voisinage que le crime a eu lieu... La bonne du
troisième, terrifiée, monte au quatrième, et elle affirme
que l'assassinat a été commis dans la maison même.
— Et comme la bonne du cinquième était sortie
depuis le matin, on lui met tout bonnement la chose
sur le dos. — Là dessus, grand tumulte... Les voisines
s'agitent... les agents s'en mêlent... le commissaire
de police intervient... on cherche... on s'informe, et
finalement on flanque la pauvre Fanchette à la porte.
— C'est toujours comme cela que ça finit.

Mme BLANQUETTI.

Mais alors... le panier?...

Mme TRUFFARDON.

Oui! le panier... car enfin nous l'avons vu remuer.

Mme POILEAU.

Si vous n'étiez pas si émues, mesdames, il y a longtemps que vous le sauriez.

MME PIMPONET.

Je flaire un nouveau mystère.

MME POILEAU.

Ce panier contient deux lapins, deux énormes lapins destinés à Mme Gras-Menu. (*A Mme Gras-Menu.*) Me reconnaissez-vous, maintenant?

MME GRAS-MENU.

Attendez donc, attendez donc. (*Après avoir considéré Mme Poileau.*) Ah! mon Dieu... seriez-vous?...

MME POILEAU.

Vous avez deviné...

MME GRAS-MENU.

Quoi!... la petite fille de Fouille-bon-les-Orties?

MME POILEAU.

A laquelle vous avez donné votre lapin, il y a aujourd'hui même juste vingt et un ans.

MME GRAS-MENU.

Vous avez donc fait vos affaires?

MME POILEAU

Oui... grâce à vous... Aussi mon premier soin, en arrivant à Paris, a-t-il été de vous chercher.... de vous trouver.... pour vous dire: Ma chère bienfaitrice, acceptez ces deux échantillons de ma basse-cour, comme un témoignage de ma reconnaissance.

18

MME GRAS-MENU, *très émue.*

Dans mes bras. (*Elles s'embrassent.*) Vous élevez des lapins?

MME POILEAU.

Votre lapin fut un trait de lumière pour moi... Ma vocation était trouvée... Ah! mon premier établissement a été modeste... une pauvre cabane en bois que je partageais avec mes lapins Du village, je me suis transportée au canton, du canton au chef-lieu. Maintenant, il n'y a personne à Beauvais et à dix lieues à la ronde pour élever des lapins comme moi... (*Découvrant le panier.*) Voyez plutôt. (*Toutes regardent et poussent des cris d'admiration.*)

MME TRUFFARDON.

Ce sont des monstres!

MME PLUMOISEAU.

De vrais éléphants!

MME PIMPONET.

Je n'aimerais pas à me trouver seule avec un de ces animaux-là.

MME GRAS-MENU.

Dans mes bras, ma bonne amie, dans mes bras. (*Mme Gras-Menu et Mme Poileau s'embrassent.*)

MME PIMPONET, *après avoir réfléchi.*

Mais pourquoi m'avez-vous dit tout à l'heure que vous étiez poursuivie?...

MME POILEAU.

Par une idée...

TOUTES.

Ah !

Mme POILEAU.

Et une fameuse !... Beauvais ne me suffit plus... Je viens m'établir à Paris et je cherche une boutique dans le quartier.

Mme GRAS-MENU.

Quel dommage que le locataire du rez-de-chaussée paye bien ! Comme je lui ferais donner son compte !

Mme POILEAU.

J'en ai une en vue.

Mme GRAS-MENU.

Près d'ici ?

Mme POILEAU.

Tout à côté.

Mme GRAS-MENU.

Alors c'est nous qui nous chargeons de la réclame... n'est-ce pas, mesdames ?

TOUTES.

Oui ! oui !

Mme POILEAU.

Oh ! je vous ferai honneur, soyez tranquilles ; ma boutique sera peinte en vert... comme la petite porte de Fouille-bon-les-Orties.

Mme GRAS-MENU.

Pauvre chérie !

Mme POILEAU.

Et sur l'enseigne, un gros lapin blanc avec ces mots : *Au lapin reconnaissant.*

Mme GRAS-MENU.

Je suis attendrie, ma parole d'honneur!... Dans mes bras, Perpétue, dans mes bras...

(Mme Gras Menu et Mme Poileau s'embrassent de nouveau.)

Mme POILEAU.

Ça fait que quand vous vous retirerez, madame Gras-Menu.

Mme GRAS-MENU.

Ça ne tardera pas.

Mme POILEAU.

Vous aurez moins de chemin à faire pour vous rendre chez vous? *(Mme Gras-Menu trop impressionnée pour pouvoir prononcer une parole, se contente d'élever les bras et de remuer les lèvres.)*

Mme PIMPONET.

Voilà mon émotion qui me repince!

Mme CŒUR-EN-PÊCHE.

Moi aussi... ça me gagne.

Mme TRUFFARDON.

Moi, ça me travaille en dedans.

MME PLUMOISEAU.

Ceci vous prouve, mesdames, qu'un bienfait n'est jamais perdu.

MME BLANQUETTI.

Tiens si nous faisions une chanson là dessus !

(*Elle chante.*)

AIR : *de la Métempsycose ou du Piége.*

Ici, plus d'un exemple tombe ;
Ce fut Androclès et son lion ;
C'est la fourmi ; c'est la colombe ;
Toute la morale en action.
En traits pareils, l'histoire abonde.
Qui de vous n'a pas entendu
Répéter partout à la ronde :
Un bienfait n'est jamais perdu.

MME PIMPONET.

Une pauvre enfant mal nippée
Pleurait devant un magasin.
Reine lui donne sa poupée,
Robe en tartan, coiffe en basin.
Le soir même, on apporte à Reine
Un beau bébé frais et dodu,
Avec la tête en porcelaine.
Un bienfait n'est jamais perdu.

MME BLANQUETTI.

Vous savez l'étrange aventure
De Philémon et de Baucis :
Un jour, à leur table, Mercure
Mangea pour trois et but pour six.
Pour prix de ce repas sans gêne,
Le Dieu, qui s'y fut attendu !
Les changea tous deux en vieux chêne.
Un bienfait n'est jamais perdu.

Mme GRAS-MENU, *s'avançant vers le public.*

Le bien, dans ce monde peu sage,
Souvent n'est pas récompensé;
Il faut que, sans perdre courage,
Plus haut notre espoir soit placé.
L'argent qu'on donne à la souffrance
Au centuple sera rendu.
Donnez, donnez, c'est une avance.
Un bienfait n'est jamais perdu.

FIN

TABLE

1609-10-9. — SAINT-QUENTIN. — IMPRIMERIE JULES MOUREAU.